Die Deutsche Bank in Frankfurt am Main

Historische Gesellschaft der Deutschen Bank

SERIE PIPER

Zu diesem Buch

Erst seit dem Zweiten Weltkrieg ist Frankfurt der »Sitz der Hauptverwaltung der Deutschen Bank«; die Geschichte der Deutschen Bank in Frankfurt reicht aber rund 70 Jahre weiter zurück. Die Geschichte Frankfurts ist entscheidend mit der Entwicklung zur Stadt der Banken verbunden; hier ist die Deutsche Bank mit ihrer Filiale nicht wegzudenken. Als erste Filiale konzentrierte sich die Deutsche Bank Frankfurt mit großem Erfolg auf das Inlandsgeschäft. Durch die Fusion der Gesamtbank mit der Disconto-Gesellschaft 1929 trat die Filiale Frankfurt indirekt die Nachfolge der Rothschild-Bank in Frankfurt an. Seit dem Zweiten Weltkrieg beherbergt Frankfurt nicht mehr nur eine Filiale, sondern zugleich den Hauptsitz der weltweit operierenden Deutschen Bank.

Die *Historische Gesellschaft der Deutschen Bank* wurde 1991 gegründet. In Publikationen, Vortragsveranstaltungen und Ausstellungen bringt sie Bankgeschichte einer breiten Öffentlichkeit nahe.

Autoren des historischen Teils:
Reinhard Frost, wissenschaftlicher Mitarbeiter des Historischen Instituts der Deutschen Bank;
Angelika Raab-Rebentisch, Leiterin des Historischen Instituts der Deutschen Bank.

Die Deutsche Bank in Frankfurt am Main

Herausgegeben von der Historischen Gesellschaft der Deutschen Bank

Piper
München Zürich

Bildnachweis

Deutsche Börse AG, S. 18; Historisches Archiv der Bundesbank, S. 115; Institut für Stadtgeschichte, Frankfurt am Main, S. 15; alle anderen Fotos: Deutsche Bank AG

Originalausgabe

Umschlag: Büro Hamburg
Simone Leitenberger, Susanne Schmitt, Andrea Lühr
Umschlagabbildung: Das Gebäude der Deutschen Bank am Roßmarkt (1937)
Gesamtherstellung: Kösel, Krugzell
Printed in Germany

www.piper.de

Inhalt

Vorwort

Am 1. Oktober 1886 eröffnete die in Berlin ansässige Deutsche Bank ihre dritte Inlandsniederlassung in Frankfurt am Main, der traditionsreichen Handels- und Bankenstadt. Daß die Bank in ferner Zukunft einmal ihren Hauptsitz in die Mainmetropole verlegen würde, war damals nicht absehbar. Heute ist die Deutsche Bank fest mit Frankfurt verbunden, sie gehört zu den wichtigsten Institutionen des Finanzplatzes.

Ein Berliner Institut in Frankfurt – dieser Schritt mußte Mitte der 1880er Jahre gut vorbereitet werden. Die ehemals Freie Stadt hatte 1866 ihre politische Selbständigkeit verloren und war als einfache Provinzstadt in den preußischen Staat eingegliedert worden. Zudem ging die führende Position Frankfurts als Bank- und Börsenplatz nach der Reichsgründung 1871 an Berlin über, das sich zum politischen und auch zum wirtschaftlichen Zentrum Deutschlands entwickelte. Anhänger Preußens und Berlins waren die Frankfurter daher auch nach 20 Jahren nicht geworden.

In wirtschaftlicher Hinsicht besaß die Stadt weiterhin eine bedeutende Stellung, vor allem als Börsenstandort konnte sie sich behaupten. Die Deutsche Bank übernahm – zu günstigen Konditionen – den in Liquidation getretenen Frankfurter Bankverein und dessen Kunden und Geschäftsverbindungen vor Ort. Erstmals entschied sich die Bank bewußt dafür, eine Filiale für das Inlandsgeschäft zu gründen, denn die Zielsetzung der beiden älteren deutschen Niederlassungen in Bremen (1871) und Hamburg (1872) war eindeutig auf den ursprünglichen Gründungszweck der Deutschen Bank, die Finanzierung des deutschen Außenhandels, ausgerichtet.

Die Bedeutung der Frankfurter Gründung von 1886 zeigte sich auch in der Tatsache, daß eigens ein Vorstandsmitglied aus

Berlin für mehrere Monate an den Main entsandt wurde, um die Deutsche Bank beim Frankfurter Publikum zu etablieren.

Die Frankfurter Filiale widmete sich vor allem der Finanzierung der aufstrebenden Industrie und dem expandierenden Handel. Neben den Firmenkunden nutzten auch wohlhabende Privatkunden die Expertise der Bank. Die Geschäfte vor Ort konnten nach der Fusion der Deutschen Bank mit der Disconto-Gesellschaft im Jahre 1929 weiter ausgebaut werden. Zum gemeinsamen Domizil der verschmolzenen Institute wurde das Filialgebäude am Roßmarkt, das noch heute Sitz der Frankfurter Geschäftsleitung ist.

Nach dem Zweiten Weltkrieg stieg Frankfurt erneut zum führenden deutschen Finanzplatz auf. Die Zentralen der Großbanken trugen maßgeblich dazu bei, denn sie nahmen – neben der Bundesbank – hier ihren Sitz. Mit der Wiedererrichtung im Jahre 1957 wurde die Deutsche Bank ein Frankfurter Unternehmen.

Heute sieht sich die Deutsche Bank als europäischer Finanzdienstleister mit globalem Anspruch, der von Frankfurt aus seine strategischen Entscheidungen trifft. Doch Frankfurt war und ist auch im Geschäft mit Privat- und Firmenkunden ein Zentrum der Inlandsaktivitäten der Deutschen Bank.

Das vorliegende Buch zeichnet die wichtigsten Stationen in der Entwicklung der Deutschen Bank in Frankfurt nach. Eine Analyse der Vergangenheit vermag sicherlich keine betriebswirtschaftliche Entscheidungshilfe für das Tagesgeschäft zu geben, doch sie zeigt die Kontinuitätslinien in der Geschichte unseres Hauses auf und lenkt den Blick über den Tag hinaus. Mit Tradition allein lassen sich heute keine ertragreichen Geschäfte tätigen, doch richtig begriffene Tradition ist auch heute noch ein guter Kompaß auf dem Weg nach vorn.

Frankfurt am Main,
im November 2005 — Tessen von Heydebreck

I. Die Geschichte der Deutschen Bank in Frankfurt am Main

1. Filiale und Zentrale – Besonderheiten des Standorts Frankfurt

Seit der Eröffnung einer Niederlassung am 1. Oktober 1886 ist die Deutsche Bank in Frankfurt am Main, an Deutschlands traditionsreichem Finanzplatz vertreten. Es war die dritte Inlandsniederlassung des 1870 in Berlin gegründeten Bankhauses. Das Gründungsstatut der Deutschen Bank nannte als Geschäftszweck »Betrieb von Bankgeschäften aller Art, insbesondere Förderung und Erleichterung der Handelsbeziehungen zwischen Deutschland, den übrigen Europäischen Ländern und überseeischen Märkten«. Folgerichtig entstanden die ersten Niederlassungen in Bremen (1871) und Hamburg (1872), Deutschlands Toren zu den überseeischen Märkten. Und auch im Ausland selbst war die Deutsche Bank schon früh vertreten: 1872 in Shanghai und Yokohama und vor allem seit 1873 in London, der zu dieser Zeit weltweit führenden Finanzmetropole. Danach verging über ein Jahrzehnt ohne eine weitere Filialgründung, weder im In- noch im Ausland. Aber nur einen Tag nach der Eröffnung der Frankfurter Filiale gründete die Deutsche Bank am 2. Oktober 1886 mit einem Aktienkapital von 10 Millionen Mark – etwa die gleiche Summe hatte die Bank für ihren Einstieg am Main investiert – die Deutsche Uebersee-Bank (ab 1893 Deutsche Ueberseeische Bank), deren Hauptaufgabe die Finanzierung des internationalen Geschäfts in Süd- und Mittelamerika war. Eine ereignisreiche Woche für die Deutsche Bank.

Frankfurt am Main war auch nach der Annexion durch

Preußen im Jahre 1866 und dem damit verbundenen Verlust an politischer Bedeutung eine wichtige Bankenstadt geblieben. Doch die Gewichte begannen sich zu verschieben – zugunsten Berlins. Und zur Zeit der Filialgründung 1886 hatte Frankfurt bereits seine Spitzenposition unter den deutschen Finanzplätzen an die Reichshauptstadt abtreten müssen. Gemessen an ihrer relativ geringen Größe nahm die Rolle der Stadt als Wirtschafts- und Bankenstandort – nicht zuletzt aufgrund der überregionalen Bedeutung seiner Börse – zwar immer eine Sonderstellung ein, unhöflich formuliert war Frankfurt aber nach 1866 zu einer preußischen Provinzstadt degradiert worden.

Die Frankfurter Filiale war die erste Niederlassung der Deutschen Bank, die eindeutig auf das Inlandsgeschäft ausgerichtet war. Sie blieb bis kurz vor dem Ersten Weltkrieg die einzige Niederlassung der Deutschen Bank im Südwesten – wobei berücksichtigt werden muß, daß bis zur Übernahme der Bergisch Märkischen Bank 1914 ohnehin von einem Filialnetz der Deutschen Bank kaum gesprochen werden konnte. Nach Bremen, Hamburg und Frankfurt kam es nur an vier Orten zu weiteren Filialgründungen: München (1892), Leipzig und Dresden (1901), Nürnberg (1905).

Noch extremer verhielt es sich bei der Disconto-Gesellschaft, mit der die Deutsche Bank 1929 fusionierte. Sie hatte bis 1901 völlig auf den Aufbau von Filialen verzichtet. Mit der Übernahme des Geschäfts und der Mitarbeiter der in Liquidation gegangenen Frankfurter Rothschild-Bank war sie erstmals mit einer direkten Vertretung außerhalb ihres Berliner Stammhauses präsent – und dies in Frankfurt am Main.

Gemessen an der Zahl der Mitarbeiter und der Depositenkassen (Stadtzweigstellen), war die Deutsche Bank Filiale Frankfurt stets in den vordersten Rängen vertreten. Nur die Millionenstädte Berlin und Hamburg sowie Köln verfügten vor dem Zweiten Weltkrieg über größere innerstädtische Zweigstellennetze, wobei Frankfurt gemessen an der Einwohnerzahl damals nur auf Platz neun der Großstädte in Deutschland lag.

Mehrere Direktoren, die in der Filiale Frankfurt tätig waren – Paul Bonn (1909–1917), Karl-Ernst Sippell (1932–1933) und Robert Frowein (1938-1943) –, stiegen in den Vorstand der Gesamtbank auf und gingen nach Berlin. Zählt man Gustaf Schlieper (1908–1914) von der Disconto-Gesellschaft hinzu, diente die Frankfurter Filiale vor 1945 vier Managern als Sprungbrett an die Unternehmensspitze.

Die Entwicklung nach dem Zweiten Weltkrieg veränderte die Perspektive grundlegend. Auch wenn im Jahre 1945 zunächst noch nicht abzusehen war, daß Frankfurt seine alte Stellung als führender Finanzplatz wieder zurückgewinnen würde – von der heutigen Stellung der »City of the Euro« als Bankenmetropole ganz zu schweigen. Die Deutsche Bank in Frankfurt wurde nun vom Filialstandort mit beschränktem Aktionsradius, der die Vorgaben aus Berlin umsetzte, zur Schaltstelle des Unternehmens. Eine neue Situation, für die kein Vorbild existierte. Am alten Firmensitz Berlin hatte es keine regelrechte Berliner Filiale gegeben. Im Komplex der Zentrale in der Mauerstraße war die sogenannte Stadtzentrale mit über 60 Depositenkassen im Stadtgebiet untergebracht.

Zentrale und Filiale residierten in Frankfurt am Roßmarkt 18, in dem Gebäude, das seit 1929, dem Jahr der großen Fusion von Deutscher Bank und Disconto-Gesellschaft, Sitz der Frankfurter Filiale war. Aus heutiger Sicht ist es nur schwer vorstellbar, daß sich Zentrale und Filiale in Frankfurt ein Gebäude teilten. Die Trennung von Filialgeschäft und Konzerngeschäft geschah aber nicht über Nacht. Zumindest in der ersten Phase der Teilbankenzeit (1947–1952) war etwa der Sitz der Hessischen Bank in Frankfurt nicht viel mehr als die Kopffiliale einer überschaubaren Regionalbank mit gerade einmal neun Niederlassungen. Selbst die Wiedererrichtung der Deutschen Bank 1957 legte nur den juristischen Sitz eindeutig auf Frankfurt fest. Als Verwaltungssitze existierten neben Frankfurt noch über Jahrzehnte auch Düsseldorf und Hamburg.

Aus ihrem Kerngebäude, dem nach Kriegsschäden wiederhergestellten Roßmarkt 18, wuchs die Firmenzentrale in Etappen längs der angrenzenden Junghofstraße hinaus. Der Sitz der wieder ersten Bank im Lande war hinter eher unspektakulären Fassaden untergebracht. Das 1971 fertiggestellte erste Hochhaus der Bank in der Großen Gallusstraße diente sowohl der Filiale wie der Zentrale als Geschäftsadresse. Erst der Umzug der Zentrale in die neuerrichteten Doppeltürme in der Taunusanlage im Herbst 1984 dokumentierte die Trennung von Filial- und Stabsfunktionen auch nach außen hin. Nun gab es die neuen Türme der Zentrale und den alten, aber etwas zentraler gelegenen Turm der Filiale mit der großen Kundenhalle im Sockel. Nach einer umfangreichen Renovierung des Hauses Roßmarkt 18 zog die Kundenhalle 1997 von der Großen Gallusstraße wieder an ihren angestammten Platz, der der Deutschen Bank seit 1929 als Visitenkarte dient.

Die überregionale Wahrnehmung der Deutschen Bank, ja des gesamten Bankenstandorts Frankfurt, ist freilich mit den 155 Meter hohen Doppeltürmen »Soll« und »Haben« in der Taunusanlage verbunden. Sie verweisen auf die Besonderheit der Frankfurter Filiale als Regionalresidenz am Roßmarkt und an der Großen Gallusstraße im »Schatten« der Türme. Bis 1945 hatte es diese Koexistenz nicht gegeben, denn die Zentrale befand sich in Berlin.

2. Frankfurt als historischer Finanzplatz

»Der Reichtum des Frankfurter Marktes ist so groß, daß er alle übrigen Märkte gleichsam in sich zusammenfaßt und daß die übrigen gleich wie die Wasserrinnen einer Quelle ihm ihr Dasein verdanken. Wie daher einst die Stadt Rom von jemandem als ein Auszug des Erdkreises, eine Welt im kleinen, bezeichnet worden ist, so habe ich wohl recht, wenn ich behaupte, daß man den Frankfurter Markt als den Auszug aller Märkte, als der Märkte Markt bezeichnen darf.«

Diese in Superlativen schwelgende Einschätzung des Wirtschaftsstandorts Frankfurt stammt von einem französischen

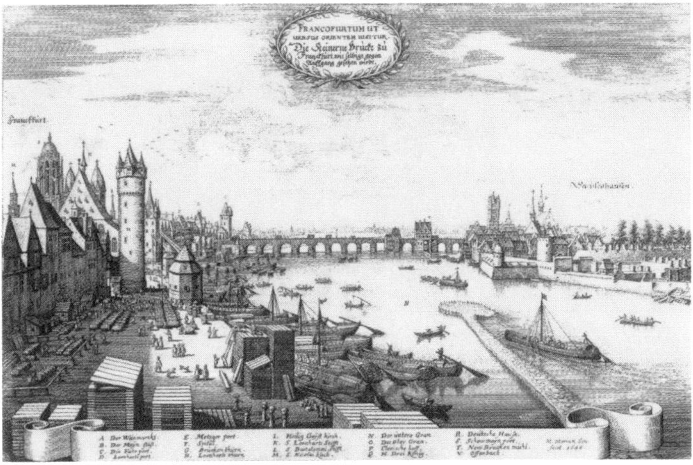

Frankfurter Mainansicht 1646; Kupferstich von Matthäus Merian

Buchdrucker, der die Stadt im Jahre 1574 bereiste. Die Bedeutung der Frankfurter Messe stand zu dieser Zeit in ihrem Zenit. Im dritten Aufzug des rund zwanzig Jahre später entstandenen »Kaufmann von Venedig« läßt Shakespeare Shylock rufen: »A diamond gone, cost me two thousend ducats in Frankfort!« Die Handelsmetropole am Main ist in der Wahrnehmung des damaligen Europa fest verankert. Das Jahr 1585 gilt als Geburtsjahr der Frankfurter Börse, einer der ältesten und bis zum heutigen Tage einer der wichtigsten Börsen der Welt. Die herausragende Bedeutung des Handels- und Finanzplatzes Frankfurt schon am Ende des 16. Jahrhunderts hat indes wiederum eine lange Vorgeschichte.

Am Schnittpunkt von alten Handelswegen und am Ufer eines schiffbaren Stroms gelegen, war die Ausgangslage für die Entwicklung der Stadt sehr günstig. Im Jahr 794 trat Frankfurt durch eine von Karl dem Großen einberufene Synode wie mit einem Paukenschlag in die Geschichte ein. In den darauffolgenden Jahrhunderten wechselte das Interesse der jeweiligen deutschen Herrscherdynastien an Frankfurt. Spätestens unter den

Messe auf dem Römerberg 1696

Staufern genoß Frankfurt als Handelsplatz jedoch eine hervorragende Stellung. Aus dieser Zeit datiert Frankfurts Tradition als Wahl-, später auch als Krönungsort deutscher Könige und Kaiser. Etwa gleichzeitig mit der ersten Herrscherwahl, Friedrich Barbarossa im Jahre 1152, wird die Stadt auch erstmals explizit als Messestandort erwähnt. Als älteste Frankfurter Messe ist die Herbstmesse vermutlich aus einer Erntemesse entstanden. Zu dieser Zeit begann die Produktivität in der Landwirtschaft zu steigen, weshalb im größeren Maß Überschüsse erzielt werden konnten.

Der Stauferkaiser Friedrich II. versah die Messe Frankfurt durch ein Schreiben vom 11. Juli 1240 mit einem Privileg, das allen Besuchern der Frankfurter Messen auf der Hin- und Rückreise kaiserlichen Schutz gewährte. Dieses Datum wird heute als die eigentliche Geburtsstunde einer durch kaiserliche Privilegien geschützten Messe betrachtet. Am 25. April 1330 erließ Ludwig der Bayer das Privileg zu einer zweiten Messe – der Frankfurter Frühjahrsmesse, da sich Wein, Wolle und die

Produkte des winterlichen Gewerbefleißes am besten um die Fastenzeit verkauften. Unter Ludwig dem Bayern und Karl IV. erlebte die Messe Frankfurt zwischen 1330 und 1400 ihre erste Blütezeit. Es wurden so verschiedene Waren wie Lübecker Heringe, Pelze aus dem Baltikum, orientalische Gewürze, Spitzen und Tuch aus Flamen, chinesische Seide, Glaswaren aus Venedig, Juwelen, Bauholz, Tiroler Rosenkränze und Pferde gehandelt. Aus letzterem Handelsobjekt entwickelte sich der Frankfurter Roßmarkt, der demjenigen innerstädtischen Platz den Namen gab, an dem seit 1929 das Frankfurter Geschäft der Deutschen Bank getätigt wird.

Die Frankfurter Börse

In engem Zusammenhang mit dem Aufstieg des Messestandorts Frankfurt steht die Entwicklung der Frankfurter Börse. In der zweiten Hälfte des 16. Jahrhunderts wurden vermehrt französische und niederländische Kaufleute in Frankfurt ansässig, die vor den Protestantenverfolgungen in ihrer Heimat geflohen waren. So mußten 1585 alle protestantischen Einwohner die Handelsmetropole Antwerpen verlassen. Eine nicht geringe Zahl Antwerpener Kaufleute ging nach Frankfurt und bereicherte mit ihren vielfältigen Handelskontakten nachhaltig das Wirtschaftsleben der Stadt. Bank- und Börsengeschäfte gewannen in dieser Zeit immer mehr an selbständiger Bedeutung, indem sie sich aus ihrer Abhängigkeit von den großen Messen weitgehend lösten, das heißt, regelmäßige Versammlungen konnten auch außerhalb der Messezeiten durchgeführt werden.

Auf der Herbstmesse des Jahres 1585 hatten 84 Großkaufleute, unter ihnen die wenigsten aus Frankfurt selbst, beim Frankfurter Rat nachgesucht, den Wert der wichtigsten Geldsorten durch einen Münzvergleich festzusetzen. Die Genehmigung zu diesem Gesuch vom 9. September 1585 gilt als Geburtsstunde der Frankfurter Börse. Als sich Frankfurter Messehändler erstmals offiziell in einer Börse zusammenschlossen, fanden ihre Treffen zunächst noch im Freien statt. Erst Ende des 17. Jahrhunderts wurde ein ständiges Börsenverwaltungsorgan errichtet, als man dazu überging, die Versammlungen nicht mehr auf öffentlichen Plätzen durchzuführen, sondern in geschlossenen Räumen, zunächst in einem gemieteten Saal des Hauses Braunfels am Liebfrauenberg.

Während ursprünglich fast ausschließlich Geschäfte mit Wechselbriefen getätigt wurden, setzte gegen Ende des 17. Jahrhunderts auch ein regelmäßiges Geschäft mit Anleihen und sonstigen Schuldscheinen ein. Vor allem das Bankhaus Bethmann vermittelte viele kaiserliche und fürstliche Anleihen. Aus den Darlehensgeschäften mit Fürstenhäusern ergab sich schließlich auch das Emissionsgeschäft in Teilschuldverschreibungen. Das Wertpapiergeschäft im heutigen Sinne läßt sich in Frankfurt bis in das späte 18. Jahrhundert zurückverfolgen. Der älteste erhaltene Kurszettel stammt aus dem Jahr 1721. Seit 1850, nachdem sich ein Verein der vereidigten Börsenmakler mit einem Makler-

Händlersaal der Neuen Börse 1880

syndikat als Vorstand gebildet hatte, konnte ein offizielles Kursblatt herausgegeben werden.

In der ersten Hälfte des 19. Jahrhunderts nahm Frankfurt unter den Wertpapierbörsen des europäischen Kontinents eine führende Stellung ein. Obgleich das Schwergewicht weiterhin auf Staatsanleihen lag, wurden seit 1820 auch Bankaktien gehandelt (Österreichische Nationalbank), seit 1837 Eisenbahnaktien. Gegenüber der Industrieaktie verhielt man sich in Frankfurt lange zurückhaltend; zum Zeitpunkt der Reichsgründung wurde in Frankfurt noch kein einziges Industriepapier gehandelt, in Berlin waren es 1870 schon zehn. Erst seit den 1880er Jahren fanden sich auch auf dem Frankfurter Kurszettel vermehrt Papiere von Industrieunternehmen. Zu den Bankhäusern, die sich besonders für den Handel von Industriepapieren einsetzten, gehörte das Bankhaus Gebrüder Sulzbach, das bei der Gründung der Deutschen Bank zu den Erstzeichnern des Aktienkapitals gehörte und damals den größten Einzelposten zeichnete.

Das bereits erwähnte Haus Braunfels wurde 1843 als Versammlungsort durch ein eigenes Börsengebäude am Paulsplatz abgelöst, welches jedoch schon nach dreieinhalb Jahrzehnten nicht mehr den Anforderungen genügte. 1879 konnte der repräsentative Börsenneubau am Rahmhof (heute Börsenplatz) bezogen werden, der bis heute als Sitz der Frankfurter Wertpapierbörse fungiert. Die Aktie der Deutschen Bank wurde dort übrigens erstmals am 8. Dezember 1880 gehandelt.

Schon früh haftete dem Börsianer ein besonderer Ruf an. Daß aber gerade dessen langsames Schrittempo einstmals als charakteristisch angesehen wurde, mutet aus heutiger Sicht eher erstaunlich an. Als »Rio Tinto-Schritt« bezeichnete man in Frankfurt die Gangart der Börsianer, die gerne stehenblieben, um über ihre Geschäfte zu sprechen. Rio Tinto-Aktien waren am Ende des 19. Jahrhunderts ein spekulatives Papier an der Börse.

Eine Besonderheit des Frankfurter Platzes war die Institution der Abendbörse. Diese war in den 1820er Jahren auf Initiative der Frankfurter Privatbankiers ins Leben gerufen worden und wurde ab 1836 unter der Bezeichnung »Effektensocietät« praktisch wie ein Privatclub geführt. Nachdem das Börsengesetz von 1896 alle privaten Nebenbörsen untersagte, wurde die Frankfurter Abendbörse als offizielle Fortsetzung der Mittagsbörse eingeführt und existierte als einzige Einrichtung dieser Art in Deutschland noch bis zum Zweiten Weltkrieg.

Auch in preußischer Zeit behielt der Börsenstandort Frankfurt überregionale Bedeutung. Nach dem Ende des Krieges von 1870/71 konnte Frankfurt weiterhin von seinem Ruf als Börsenplatz für die Emission von Staatspapieren profitieren. »Frankfurter Bankiers spielten eine bedeutende Rolle bei der internationalen Plazierung französischer Anleihen, mit deren Hilfe Paris seine Reparationsschulden gegenüber dem Deutschen Reich beglich. Einen Teil des Aufkommens aus den in Deutschland gezeichneten Anleihen ließ die französische Regierung in Frankfurt zurück, um darüber mit Wechseln zur verfügen. Die Zahlungsströme, die sich daraus und aus der Weiterverwendung empfangener Beträge ergaben, führten in Frankfurt wegen der Arbitragemöglichkeiten zu einem lebhaften Wechselgeschäft auf allen großen Finanzplätzen der Welt« (Carl-Ludwig Holtfrerich).

Doch die Dominanz des Berliner Platzes als tonangebender Börsenstandort in Deutschland wurde spätestens seit den 1880er Jahren immer deutlicher. So konnte etwa 1884 eine russische Anleihe erstmals ausschließlich an der Berliner Börse und nicht – wie bisher üblich – gleichzeitig an der Frankfurter Börse gezeichnet werden. Die bislang führende Position beim Handel mit ausländischen Staatspapieren und die fast monopolartige Stellung für den Kapitalmarkt der süddeutschen Länder ging verloren. Und mit der Zeit setzte sich die ernüchternde Feststellung durch: »An der Frankfurter Börse geschah nichts, es sei denn, es geschah auch in Berlin« (Bernd Baehring). Ein Zustand, der bis 1945 seine Gültigkeit behalten sollte. Gleichwohl behauptete Frankfurt seinen Rang als zweitwichtigster Börsenstandort im Deutschen Reich.

Die Frankfurter Privatbankiers

Die überragende Bedeutung Frankfurts als Bankenstadt gründet sich bekanntermaßen nicht erst auf die Entwicklung nach dem Zweiten Weltkrieg. Daß die Stadt praktisch als Wiege des Bankwesens in Deutschland gilt, ist bei der über 750jährigen Tradition als wichtiger Messestandort kaum verwunderlich.

Banken im heutigen Verständnis existierten im ausgehenden Mittelalter noch nicht. Bankgeschäft bedeutete Geldwechselgeschäft. Der »banco« war der Tisch des Geldwechslers. Da am Messestandort Frankfurt nur wenige der zahlreichen Münzsorten im Reich zugelassen waren, mußten auswärtige Meßbesucher ihre Münzen einwechseln. Aufgrund einer kaiserlichen Bestimmung des Jahres 1346 konnte dies in Frankfurt nur bei von der Stadt lizenzierten Wechslern und zumeist gegen ein nicht unerhebliches Agio geschehen. Neben dem Geldwechsel wurde bald auch das Girogeschäft betrieben. Ein Problem blieb jedoch der von den Kaufleuten benötigte Kredit, wenn sie in der dritten Messewoche, der Zahlwoche, ihr Konto nicht ausgleichen konnten.

So wurde zur Herbstmesse 1402 auf Initiative des Frankfurter Rats eine Kreditbank errichtet, der sogenannte »Wessil« (spätmittelhochdeutsch für Wechsel), der für sich in Anspruch nehmen kann, das erste bankähnliche Institut auf deutschem Boden gewesen zu sein. Der Wessil führte Wechselgeschäfte durch und gewährte den Kaufleuten in der Zahlwoche Darlehen gegen Pfand. Der Frankfurter Wessil von 1402 stand unter der Leitung des Frankfurter Patriziers Jekil Humbrecht zu Schonenstein und war in einer der Messebuden an der Nikolaikirche auf dem Römerberg untergebracht. Als Inventar für die erste Frankfurter Bank wurden u. a. angeschafft: eine Goldwaage, drei Waagen zum Wiegen der Silbermünzen, mehrere Waagen für ungemünztes Silber, zwei große Tische aus Nußbaumholz, zwei Laden zur Aufbewahrung des Geldes bei Nacht. Die Stadt beteiligte sich am Wessil mit 900 Gulden. Der Bankbetrieb wurde während der Messe mit 14 »Mitarbeitern« durchgeführt. Trotz positiver Geschäftsbilanz, der Wessil erwirtschaftete einen Gewinn von 90 Gulden, wurde der Bankbetrieb nach Ablauf der Messe erheblich reduziert und zum Jahresende wieder eingestellt. Eine Werbeanzeige der Deutschen Bank Filiale Frankfurt erinnerte 1960 an den Wessil als erstes Frankfurter Kreditinstitut.

Im darauffolgenden Jahr (1403) wurden wieder vier Banken, darunter eine rein städtische, gegründet. Auch diese nahmen Depositen entgegen und vergaben Kredite. Eine Lizenz erhielten erneut Jekil Humbrecht und seine Ehefrau Gredge, zwei weitere gingen an die Patrizier Sifrid Guldenschaff und Johann Palmstorffer. Die städtische Bank bestellte mit Cleßchin Wol-

Deutsche Bank-Werbeanzeige von 1960 mit »Wessil«

kenburg einen gegen ein festes Jahresgehalt (60 Gulden) angestellten Verwalter. Um 1418 gab die Stadt die zunächst für sie ertragreiche Institution wieder auf, vermutlich aufgrund von Änderungen der königlichen Münzpolitik, die dem Geldwechselgeschäft in Frankfurt Gewinne entzogen, und auch von den drei übrigen privaten Banken sind nach dieser Zeit keine weiteren Nachrichten mehr überliefert. Die Frankfurter Patrizier, die diese ersten Kreditinstitute betrieben, wird man kaum als Bankiers im späteren Sinne bezeichnen können, sie waren lediglich in der Lage, die finanziellen Risiken einer solchen Unternehmung zu tragen.

Einen neuen Impuls für das Bankwesen brachte natürlich die 1585 errichtete Frankfurter Börse. Wie bereits erwähnt, ging die Initiative für ihre Gründung zumeist von auswärtigen Großkaufleuten aus. Unter den Frankfurter Handelsherren befanden sich wiederum aus Frankreich und den Niederlanden vertriebene Hugenotten, wie Noë du Fay und Sebastian de Neufville und vor allem Johann von Bodeck. Letzterer war Frankfurts erster großer Bankier. Vor den Spaniern aus Antwerpen geflohen, betrieb er gemeinsam mit seiner Schwiegermutter Cornelia Bormann in Frankfurt ein Bankgeschäft, das rasch europäische Bedeutung erlangte. Bodeck war führend in einer Finanzgruppe meist niederländischer Geschäftsleute, die das Geschehen an der Frankfurter Börse wesentlich mitbestimmte, und beherrschte zu Beginn des 17. Jahrhunderts das Wechselgeschäft zwischen Amsterdam, Antwerpen, Hamburg, Venedig und Frankfurt. Zu seinen Schuldnern zählten Fürsten und Städte. Bodeck verdiente besonders mit Meßdarlehen »a deposito« große Summen und galt als erster Frankfurter Guldenmillionär. Er legte sein Vermögen größtenteils in Grundbesitz an und erwarb neben zahlreichen Grundstücken und Landgütern sein mit Wandmalereien geschmücktes Wohnhaus zum Goldenen Bären am Roßmarkt. An der Stelle dieses Hauses befindet sich heute der Gebäudekomplex der Deutschen Bank Filiale Frankfurt.

Nach den Erschütterungen des Dreißigjährigen Krieges erlangte in Frankfurt vor allem das Kommissions- und Spedittionsgeschäft hervorragende Bedeutung. Als erste Handelsbankhäuser entstanden 1650, 1674 und 1685 die Firmen D. & Jac. De Neufville, B. Metzler seel. Sohn & Co. und Olenschlager & Co. Das bis heute bestehende Bankhaus Metzler begann als Textilgroßhandlung, jedoch lag das Schwergewicht bald bei Wechselgeschäften und der Kreditvergabe an öffentliche Schuldner. 1779 zeichnete das Haus Metzler die erste große Anleihe für das Königreich Bayern in Höhe von 200 000 Gulden.

Die Übernahme staatlicher Anleihen wurde in der Folge das Hauptgeschäft des Hauses, das hierbei häufig mit einem anderen Frankfurter Bankhaus, dem in das Jahr 1748 zurückreichenden Unternehmen der Gebrüder Bethmann, zusammenarbeitete. Von den drei Brüdern Bethmann, die das Bankhaus nach dessen Gründung leiteten, hatte der mittlere, Johann Jakob, verwandtschaftliche Beziehungen zum Haus Metzler. 1778 stiegen die Bethmanns in das große Anleihegeschäft ein und vergaben an Maria Theresia Darlehen in Höhe von über einer Million Gulden. Gegen Ende des 18. Jahrhunderts war das Bankhaus zum Gläubiger des Habsburger Kaiserhauses avanciert.

Wie beim Bankhaus Gebrüder Bethmann war auch für die 1824 begründete Privatbank Grunelius & Co. das Emissionsgeschäft vorrangig. Schon 1826 übernahm Grunelius in Gemeinschaft mit dem Bankhaus Hope & Co. in Amsterdam eine sechsprozentige russische Staatsanleihe, die besondere Beachtung fand, da sie eine der ersten Kreditaufnahmen Rußlands auf dem deutschen Kapitalmarkt darstellte. Die von Grunelius emittierte Anleihe bildete insofern den Anfang eines bedeutenden deutschen Kapitalexports nach Rußland im weiteren Verlauf des 19. Jahrhunderts. Neben den Staatsanleihen spielte auch die Emission von Aktien bei Unternehmensgründungen eine immer wichtigere Rolle. Grunelius & Co. war an einer Reihe von Bank- und Industriegründungen in und um Frankfurt beteiligt. So entstand 1854 nicht zuletzt dank des starken Engagements durch Peter Carl Grunelius, Sohn und Nachfolger von Firmengründer Joachim Andreas Grunelius, die Frankfurter Bank mit einem Aktienkapital von 10 Millionen Gulden als offizielle Notenbank der Freien Stadt Frankfurt. Das Bankhaus Grunelius überlebte als eines der wenigen Frankfurter Privatbankhäuser Krisen und Kriegszeiten und ging erst in den 1990er Jahren in mehreren Etappen im Geschäft mit vermögenden Privatkunden der Deutschen Bank auf.

Die jüdische Tradition des Bankgeschäfts in Frankfurt läßt sich, wenn man auch hier das lange Nebeneinander von Warenhandel und Geldgeschäften berücksichtigt, bis weit ins 16. Jahrhundert zurückdatieren. Die christliche Konkurrenz versuchte den Einfluß ihrer jüdischen Mitbewerber, vor allem im Wechsel- und Geldwechselgeschäft, zurückzudrängen; so blieb ihnen etwa der vollberechtigte Zutritt zur Börse bis zur napoleonischen Zeit verwehrt. Ein früher wichtiger jüdischer Finanzier war in der zweiten Hälfte des 16. Jahrhunderts Joseph Goldschmidt. Seine Firma »Joseph zum Goldenen Schwan in Wechsel und Anleihegeschäften« gewährte Darlehen an adlige und bürgerliche Kunden. Eine zeitweilige Illiquidität infolge Einfrierens seiner Forderungen, die wesentlich höher waren als seine Verpflichtungen, wurde genutzt, um sein Haus zu Fall zu bringen. »Man war sich in jenen Zeiten noch nicht ganz klar darüber, daß man aus einem leeren Geldsack auch mit Drohungen und mit peinlicher Untersuchung nichts herauspressen kann, und so wurde dieser erste unglückliche jüdische Finanzier, als er zahlungsunfähig geworden war, mit Beinschrauben ›behandelt‹« (Erich Achterberg). Träger des Namens Goldschmidt tauchten in Frankfurt bis ins 20. Jahrhundert als Betreiber von Bankgeschäften auf.

Über eine ähnlich lange Tradition verfügte die Frankfurter Bankiersfamilie Oppenheim, die aufgrund des sogenannten Fettmilchaufstands und der damit einhergehenden zeitweiligen Vertreibung der Frankfurter Juden im Jahr 1614 der Stadt den Rücken kehrte, später jedoch mit zahlreichen Bankhäusern wieder in Frankfurt vertreten war. Auf den um 1740 von Frankfurt nach Bonn übergesiedelten Salomon Hertz Oppenheim geht die Linie des 1789 in Köln gegründeten Privatbankhauses Sal. Oppenheim jr. & Cie. zurück.

Weitere wichtige jüdische Privatbankhäuser des 18. und 19. Jahrhunderts wurden u.a. von Mitgliedern der Familien Wertheimer, Stern, Speyer und Ellissen unterhalten. Durch die Verbindung der beiden letztgenannten Familien war 1818 das Bankhaus J. L. Speyer-Ellissen entstanden. Daneben wurde 1838 unter der Firma Lazard Speyer-Ellissen ein Manufakturwaren- und Speditionsgeschäft eingerichtet, in welches das vorgenannte ältere Bankgeschäft 1846 eingegliedert wurde und wo es sich zum dominierenden Geschäftszweig entwickelte. Schon 1837 hatte in New York auf Betreiben von Philipp Speyer ein Zweiggeschäft des Frankfurter Bankhauses eröffnet. Philipps Tochter Anna heiratete 1885 den späteren Vorstandssprecher der Deutschen Bank Arthur von Gwinner.

Auf Vermittlung des New Yorker Hauses, das seit 1878 unter dem Namen Speyer & Co. firmierte, entwickelte sich ein reger Geschäftsverkehr von Lazard Speyer-Ellissen in Frankfurt mit

Bankhaus Lazard Speyer-Ellissen in der Taunusanlage

Nordamerika. 1861 wurde ein weiteres Schwesterunternehmen unter dem Namen Speyer Brothers in London errichtet. Als auf Veranlassung des New Yorker Hauses Lazard Speyer-Ellissen 1934 liquidiert wurde, wertete dies die Zeitschrift *Die Bank* als Verlust, obwohl man sich bereits im zweiten Jahr des Dritten Reiches befand: »Das Verschwinden des Bankhauses ist schon deshalb zu bedauern, weil die Firmen Speyer in London und New York im Fall deutschen Kreditbedürfnisses nicht mehr so unmittelbar zur Verfügung stehen dürften wie früher.« Ein Teil des Personals von Lazard Speyer-Ellissen übernahm damals die Deutsche Bank Filiale Frankfurt.

Auch wenn die Familie Speyer-Ellissen auf dem britischen und amerikanischen Markt reüssierte, wurde ihre Bedeutung natürlich vom Glanz des Hauses Rothschild überstrahlt, dessen Anfänge, wie die der Speyers, in die Frankfurter Judengasse führen. Mayer Amschel Rothschild wurde im Haus zur Hinterpfann in der Frankfurter Judengasse geboren. Nach dem frühen Tod der Eltern absolvierte er eine Banklehre in Hannover. Dort lernte er den numismatisch interessierten hannoverschen General von Estorff kennen, über den er, 1763 nach Frankfurt zurückgekehrt, Zugang zum Prinzen Wilhelm von Hessen-Hanau erhielt, bei dem er 1769 erfolgreich um die Ernennung zum Hessisch-Hanauischen Hoffaktor nachsuchte. Neben dem Münz- und Antiquitätenhandel betätigte sich Mayer Amschel auch bald erfolgreich mit dem Wechsel- und Staatsanleihegeschäft; den Einstieg in letzteres hatte ihm der Vermögensverwalter des Landgrafen Karl Friedrich Buderus vermittelt. Von dem angesammelten Vermögen erwarb Rothschild schon 1785 das Haus zum Grünen Schild in der Frankfurter Judengasse, das seine Frau Gutle bis zu ihrem Tode 1849 bewohnte, zu einem Zeitpunkt, als die meisten Juden das Getto längst verlassen hatten.

Wesentlich für den wirtschaftlichen Aufstieg Rothschilds wurden die Heereslieferungen an die kaiserliche Armee seit 1792, die ihm 1801 die Ernennung zum Kaiserlichen Hoffaktor einbrachten. Während der französischen Besatzungszeit verwaltete Rothschild das Vermögen des im Exil lebenden hessischen Kurfürsten und legte dessen Gelder in englischen Staatspapieren an. Er bewahrte einige Kisten mit Akten für den Kurfürsten auf, als dieser vor den Franzosen nach Schleswig floh, was zur Legende der Rettung des gesamten kurfürstlichen Schatzes führte. Trotz starker Konkurrenz durch die Bankhäuser Rüppell & Harnier und Bethmann blieb Rothschild in der Folgezeit der Hauptbankier des Kurfürsten Wilhelm und wurde mit der Einziehung der Zinsen für das vom Kurfürsten verliehene Geld beauftragt.

Während der französischen Kontinentalsperre ergaben sich für die Familie Rothschild neue ertragreiche Geschäfte. Mayer Amschel und seine Söhne organisierten ein nahezu perfektes Schmuggelsystem für Kolonialwaren. Sanktionen der Franzosen gegen das Haus Rothschild konnten meist durch den Mayer Amschel wohlwollend gesonnenen Fürstprimas Dalberg (dem Regenten des Großherzogtums Frankfurt unter Napoleon 1810–1813) abgewendet werden. Als Dalberg den Frankfurter Juden das bislang verwehrte (und schon 1816 wieder zurückgenommene) Bürgerrecht verlieh, war Rothschild sowohl an den Gleichstellungsverhandlungen wie auch an der Aufbringung der nicht unerheblichen Ablösesumme beteiligt. Im September 1810 schloß Rothschild mit seinen Söhnen einen Gesellschaftsvertrag ab, der sie alle zu Teilhabern des nun als »Mayer Amschel Rothschild & Söhne« bezeichneten Bankhauses machte. Mit der geschäftsstrategisch geschickten Plazierung seiner Söhne an den wichtigen Finanzzentren und der engen familiären Bindung (in seinem Testament forderte Rothschild seine Nachkommen auf, »mit steter wechselseitiger Liebe und Freundschaft« zu agieren) legte Mayer Amschel das Fundament zur Entwicklung des Hauses Rothschild zum führenden europäischen Bankhaus, die er freilich nicht mehr erlebte. Das Frankfurter Haus wurde seit 1812 von Amschel Mayer Rothschild weitergeführt. Nach 1815 wurde die Frankfurter Rothschildbank führend bei der Emission von Staatsanleihen. Als Hofbankier deutscher Fürstenhäuser und Finanzier des seit 1816 in Frankfurt residierenden

Bundestages hatte Rothschild einen nicht unbedeutenden Anteil am Ausbau Frankfurts zum wichtigsten deutschen Kapitalmarkt. Gemeinsam mit anderen Bankhäusern bildete Rothschild das Komitee zum Bau der ersten Eisenbahnlinie im Frankfurter Raum, der 1839 eröffneten Taunusbahn. Sitz des Frankfurter Bankhauses war ein 1813 bezogenes klassizistisches Gebäude Ecke Fahrgasse/Judengasse (der späteren Börnestraße).

Die Bedeutung des Frankfurter Bankhauses trat ab der Mitte des 19. Jahrhunderts hinter den Rothschildbanken in London und Paris zurück, zumal es sich auf Staatsanleihen beschränkte und kaum Industrieaktien handelte und dadurch vor allem gegenüber den expandierenden Aktienbanken ins Hintertreffen geriet. Nach dem Tod von Wilhelm Carl Rothschild im Jahr 1901 wurde das Frankfurter Haus liquidiert und Personal und Geschäft von der Disconto-Gesellschaft übernommen, die so auf der Tradition der Rothschilds ihre Frankfurter Filiale errichtete. Durch die Fusion mit der Disconto-Gesellschaft im Jahr 1929 läßt sich die Deutsche Bank mit etwas Phantasie als »Nachfolgerin« der Frankfurter Rothschildbank einreihen.

Die Frankfurter Bank

1848 entstand in Köln durch Umwandlung des A. Schaaffhausen'schen Bankvereins die erste deutsche Aktienbank. Mit der Gründung einer derartigen Institution tat man sich in Frankfurt zunächst schwer. Bedenken wurden vor allem im Hinblick auf die Anonymität des Kapitals bei dieser Rechtsform geäußert. Die ablehnende Haltung gegenüber der Gründung einer Aktienbank sowohl von Seiten der Frankfurter Handelskammer als auch des Senats und einiger wichtiger Privatbanken (darunter M. A. Rothschild) machte deutlich, »daß die Mehrheit offenbar das in Deutschland damals einzigartige große Erbe des Finanzplatzes Frankfurt nur bewahren und nicht den Risiken aussetzen wollte, die Pionierunternehmer mit Innovationen zwangsläufig eingehen müssen« (Carl-Ludwig Holtfrerich). So ging die erste große Gründungswelle von Aktienbanken an Frankfurt weitgehend vorbei, und die Finanzinnovationen in der zweiten Hälfte des 19. Jahrhunderts wurden an anderen Orten vorangetrieben. Von den vier Freien Städten des Deutschen Bundes (Hamburg, Bremen, Lübeck, Frankfurt) blieb Frankfurt auch bis 1854 die einzige, welche nicht über eine Girobank mit Notenausgaberecht verfügte. Die Rolle als führender Finanzplatz begann Frankfurt somit schon geraume Zeit vor der Annexion durch Preußen im Jahre 1866, die häufig für den Beginn dieses Prozesses verantwortlich gemacht wird, zu entgleiten.

Als jedoch im April 1853, unter der Mitwirkung Frankfurter Bankiers, die an ihrem Stammsitz mit ihrem Ansinnen nicht durchgedrungen waren, im nahegelegenen Darmstadt die Bank für Handel und Industrie in Form einer Aktiengesellschaft gegründet wurde, kippte schließlich auch in Frankfurt die Stimmung zugunsten der Aktienbank-Befürworter. Nun beeilten sich selbst die ehemaligen Gegner von Aktien- und Notenbankprojekten, rasch die Gründung eines eben solchen Instituts zu bewerkstelligen.

Schon einen Monat nach der Darmstädter Gründung beantragten M. A. Rothschild & Söhne und Grunelius & Co. beim Frankfurter Senat die Erlaubnis zur Gründung der Frankfurter Bank in Form einer Aktiengesellschaft. Dessen Zustimmung ließ zwar noch elf Monate auf sich warten, was an den etwas unsicheren wirtschaftlichen und politischen Verhältnissen infolge des mittlerweile ausgebrochenen Krimkrieges lag. Am 11. April 1854 wurde die Konzession zur Errichtung der Frankfurter Bank als Aktienbank mit Notenausgabeprivileg jedoch schließlich bewilligt.

Die Bank hatte das Recht, bis zum doppelten Betrag ihres Grundkapitals (10 Millionen Gulden) Banknoten auszugeben. Nachdem es seit 1861 möglich geworden war, Noten der Frankfurter Bank auch in Bayern in Umlauf zu bringen, wurde sie, nach der Preußischen Bank in Berlin, zur zweitgrößten Notenbank in Deutschland. Zu ihren besonderen Aufgaben gehörten

Banknote der Frankfurter Bank von 1855

die Giroabrechnung unter den Privatbankiers, der An- und Verkauf von Auslandswechseln, von Gold und Silber sowie das Depositengeschäft. Infolge des Verlusts der staatlichen Unabhängigkeit der Stadt mußte die Frankfurter Bank nach 1866 ihre Geschäftstätigkeit grundlegend umstellen, vor allem nachdem ihr Notenprivileg durch das Reichsbankgesetz (1876) stark beschnitten wurde, so daß sie es schließlich 1901 aufgab. In der Folgezeit gewann die Frankfurter Bank vor allem als Vermögensverwalter an Bedeutung.

Trotz der schwierigen Bedingungen, denen sie durch ihre eng begrenzten und dazu noch wechselnden Aufgabenbereiche ausgesetzt war, überstand die Frankfurter Bank beide Weltkriege. 1970 schloß sie sich mit der Berliner Handels-Gesellschaft, die ihren Sitz als ehemalige Berliner Großbank 1952 nach Frankfurt verlegt hatte, zur Berliner Handels- und Frankfurter Bank (BHF) zusammen. Von 1999 bis 2004 gehörte die Bank zur niederländischen ING-Gruppe. Mit dem Übergang zum Bankhaus Sal. Oppenheim firmiert das Haus, dessen eine Wurzel die älteste Frankfurter Aktienbank ist, seit Anfang 2005 unter der Marke BHF-Bank – Privat seit 1854.

Politischer und wirtschaftlicher Bedeutungswandel des Standorts Frankfurt

Die Frankfurter Bank blieb für längere Zeit die wichtigste Gründung einer Aktienbank in Frankfurt. Erwähnenswert ist in dieser Phase vor allem noch die Gründung der Mitteldeutschen Creditbank, die 1856 zwar in Meiningen errichtet worden war, aber noch im Gründungsjahr in Frankfurt eine Agentur eröffnete und 1886 ihren Hauptsitz an den Main verlegte. Als Aktienkreditbank zur Förderung von Industrie und Handel wurde sie vor allem im Emissionsgeschäft für Industrieunternehmen und Eisenbahngesellschaften aktiv. Die Mitteldeutsche Creditbank entwickelte sich rasch zu einer bedeutenden Regionalbank. 1929 wurde sie von der Commerz- und Privat-Bank, der heutigen Commerzbank, übernommen.

1862 wurde die Frankfurter Hypothekenbank auf Initiative der Gebrüder Bethmann und des Bankhauses Raphael Erlanger als Aktienbank und erste reine Hypothekenbank in Deutschland gegründet. Ein Jahr später wurden ihre Pfandbriefe erstmals an der Frankfurter Börse gehandelt, ein Novum im deutschen Börsenwesen. Die Entwicklung der Hypothekenbanken als wichtiger Spezialbanktyp ging somit von Frankfurt aus, denn auch die Gründung der Deutschen Hypothekenbank in Meiningen im gleichen Jahr fußte auf dem Engagement Frankfurter Häuser (vor allem der Mitteldeutschen Creditbank und dem Bankhaus Gebr. Sulzbach). Allein in den nächsten zehn Jahren wurden in Deutschland 17 weitere Hypothekenbanken gegründet. Die Frankfurter Hypothekenbank war die älteste Wurzel der Eurohypo AG, in der 1998 die Hypothekenbankaktivitäten der Deutschen Bank zusammengefaßt wurden. Bereits in den 1970er Jahren hatte die Deutsche Bank eine mehrheitliche Beteiligung an der Frankfurter Hypothekenbank erworben.

Frankfurter Hypothekenbank in der Gallusanlage

Trotz mancher Impulse, die vom Bankplatz Frankfurt ausgingen, hatte die Stadt zur Mitte des 19. Jahrhunderts ihre Bedeutung als innovatives Finanzzentrum weitgehend eingebüßt; das lange Zögern bei der Errichtung von Aktienbanken war nicht das einzige Indiz. An der Börse setzte man weiter auf die traditionellen Werte, wie Wechsel und Staatsanleihen. Das Beharren auf dem Bewährten ließ Frankfurt zwar Börsenkrisen weniger beschadet überstehen als andere Plätze, bei wichtigen Neuentwicklungen des Kreditwesens aber lag die Stadt zunehmend im Schatten des in allen Bereichen aufstrebenden Berlin.

In die Phase des schleichenden Bedeutungsverlusts fiel 1866 ein einschneidendes politisches Ereignis, die Einverleibung Frankfurts durch Preußen während des preußisch-österreichischen Krieges. Der militärischen Besetzung am 16. Juli 1866 folgte gut zwei Monate später die offizielle Annexion der bis dahin Freien Stadt Frankfurt in die preußische Provinz Hessen-Nassau. Zum ersten Mal in ihrer über tausendjährigen Geschichte verlor die Stadt vollständig ihre politische Bedeutung. Als Wahl- und Krönungsstätte der deutschen Kaiser hatte das reichsunmittelbare Frankfurt stets eine privilegierte Stellung eingenommen. Selbst in napoleonischer Zeit war die Stadt Sitz eines Großherzogtums gewesen und danach seit 1816 ein souveräner Staat, der nicht zuletzt den deutschen Bundestag beherbergte. Die alteingesessenen Frankfurter Familien, darunter natürlich auch viele Privatbankiers, verdauten den Schock der Einverleibung nur sehr langsam. Dabei bot Frankfurts Aufgehen in einen größeren Staatsverband durchaus neue Chancen und die Möglichkeit, manch alten Zopf, gerade in gewerblicher Hinsicht, zu beseitigen. Verglichen mit dem politischen Niedergang war Frankfurts wirtschaftliche Bedeutung zwar ebenfalls gesunken, aber dies vor allem im Verhältnis zu Berlin. Frankfurt zählte weiterhin zu den reichsten deutschen Städten und gemessen an seiner geringen Einwohnerzahl spielte die Stadt im wirtschaftlichen und kulturellen Leben Deutschlands nach wie vor eine überproportional große Rolle.

Zu dieser hervorgehobenen Bedeutung paßte der legendäre Ausspruch Kaiser Wilhelms I. anläßlich der Eröffnung des Frankfurter Opernhauses, der heutigen »Alten Oper«: »Das könnte ich mir in Berlin nicht leisten, das können nur die Frankfurter!« Die Äußerung des Monarchen ist vor dem Hintergrund zu verstehen, daß ein nicht unbedeutender Teil zur Finanzierung des Prachtbaus von privater Seite, einem Komitee vermögender Frankfurter Bürger, geflossen war. Das Baumaterial, vor allem der helle Savonnière-Sandstein, stammte aus französischen Reparationszahlungen des Krieges von 1870/71, mit denen das siegreiche Preußen gerade auch das widerwillig einverleibte Frankfurt bedachte.

Allmählich hatte man in Frankfurt die neuen Verhältnisse akzeptiert, denn daß die Hegemonie des Finanzplatzes Berlin aus heutiger Sicht nur ein – zeitlich recht ausgedehntes – Intermezzo bleiben sollte und Frankfurt seine Rolle als führendes deutsches Finanzzentrum zurückerlangen würde, war im letzten Drittel des 19. Jahrhunderts kaum vorauszuahnen. Doch wenn schon aus Frankfurt nicht mehr die wesentlichen Impulse für das Bankwesen in Deutschland kamen, so geschahen Unternehmungen von größerer Tragweite im Kreditwesen noch immer selten ohne die Beteiligung Frankfurter Häuser.

Die Rolle des Frankfurter Bankhauses Gebr. Sulzbach bei der Gründung der Deutschen Bank

Am 10. März 1870 wurde das Gründungsstatut der Deutschen Bank durch den preußischen König genehmigt. Dieses Datum wird in der Regel als eigentliches »Geburtsdatum« der Deutschen Bank bezeichnet. Kurz nachdem die Konzession erteilt war, fand am 21. März in Berlin eine erste Generalversammlung statt, an der 23 Personen teilnahmen, die insgesamt 4 729 200 Taler des gesamten Akteinkapitals von 5 Millionen Talern (= 15 Millionen Mark) vertraten. Insgesamt umfaßte die Liste der Zeichner schließlich 76 Namen. Unter den Teilnehmern der ersten Versammlung befand sich auch der jüdische Frankfurter Bankier Rudolph Sulzbach, Inhaber des 1856 gegründeten Bankhauses Gebrüder Sulzbach, das sich zu dieser Zeit besonders mit der Plazierung ägyptischer, russischer und spanischer Anleihen hervortat. Er war der einzige, der für ein Frankfurter Haus zeichnete. Mit 850 000 Talern, also über einem Fünftel des gesamten Gründungskapitals, war Gebrüder Sulzbach aber mit Abstand der größte Einzelaktionär. Rudolph Sulzbach gehörte seit 1870 bis zu seinem Tod dem Verwaltungsrat (seit 1889 Aufsichtsrat) der Deutschen Bank an. Ein nicht unbedeutender Vertreter des Bankplatzes Frankfurt hatte sich somit überdurchschnittlich an der Gründung der Deutschen Bank in Berlin engagiert.

Ein Nachruf deutete an, daß der Berufung Sulzbachs in das Verwaltungsgremium der Bank seinerzeit ein hoher Stellenwert beigemessen wurde: »Als die Deutsche Bank in Berlin errichtet wurde, betrachteten die Begründer es als ein gutes Omen, daß es ihnen gelungen war, Herrn Sulzbach für den ersten Aufsichtsrat des Institutes zu gewinnen.« Die zur öffentlichen Subskription angebotenen Aktien des neuen Instituts konnten in Frankfurt nur über das Bankhaus Gebr. Sulzbach sowie über August Siebert von der Mitteldeutschen Creditbank, an deren Entstehung Sulzbach, wie erwähnt, 1856 beteiligt gewesen war, gezeichnet werden. Neben seiner Tätigkeit auf dem Versicherungssektor durch Mitbegründung der Providentia (1923 in der Allianz aufgegangen) wandte sich das Bankhaus Sulzbach in den kommenden Jahrzehnten der Industriefinanzierung, vor allem im Bereich der Elektrizitätswirtschaft, zu. Ein weiteres wichtiges Geschäftsfeld bedeutete das Engagement im Braunkohle- und Kalibergbau. Im Dritten Reich wurde das Bankhaus Gebrüder Sulzbach »arisiert« und firmierte ab 1938 unter dem Namen Heinrich Kirchholtes & Co. 1968 wurde es vom Bankhaus Sal. Oppenheim in Köln übernommen, das damit seine Präsenz auf dem Frankfurter Markt verstärkte.

Noch eine weitere Spur führte aus dem Kreis der Erstzeichner in den Frankfurter Raum. Mit der ebenfalls nicht unbedeutenden Zeichnungssumme von 334000 Talern hatte sich der Bankier Hermann Marcuse aus Walluf im Rheingau als Aktionär bei der Deutschen Bank eingekauft. Ein knappes Jahr später war Marcuse im Januar 1871 auch an der Gründung des Frankfurter Bankvereins beteiligt, jenes Instituts, durch dessen Übernahme die Deutsche Bank anderthalb Jahrzehnte später den Boden für ihre Frankfurter Niederlassung bereitete.

Der Frankfurter Bankverein – der Vorläufer der Deutschen Bank in Frankfurt

Der Bankier Adelbert Delbrück, 1869/70 einer der maßgeblichen Gründerväter der Deutschen Bank und deren erster Verwaltungsratsvorsitzender, propagierte in dieser Zeit ein Konzept, das an jedem bedeutenden Bankplatz in Deutschland einen »Bankverein« in Form einer Aktiengesellschaft vorsah. Die Deutsche Bank war dagegen von ihren Gründern dezidiert als

Spezialbank zur Finanzierung des deutschen Außenhandels realisiert worden. Eine »deutsche« Bank sollte für Aufgaben im Auslands- und Überseegeschäft bereitstehen, die bislang in Deutschland vornehmlich über englische und französische Häuser abgewickelt wurden. Das Inlandsgeschäft aber, so Delbrücks Plan, sollte separat von anderen Aktienbanken betrieben werden. Diese Absage an die Entwicklung von Universalbanken hatte aber, wie sich auf längere Sicht herausstelle, in Deutschland keinen Bestand.

Doch zunächst wurde Delbrücks »Bankverein«-Konzept durchaus umgesetzt. Praktisch als Pilotprojekt wurde in Frankfurt von 16 Frankfurter und Wiener Privatbankhäusern während der zweiten Jahreshälfte 1870 die Gründung des Frankfurter Bankvereins vorbereitet, der im Januar 1871 die Geschäftstätigkeit aufnahm. Zum Gründerkreis zählten u.a. Vertreter der Bankhäuser Jacob S. H. Stern, Gebr. Bethmann, Joh. Goll & Söhne, B. H. Goldschmidt, Marcus Königswarter sowie eine Reihe Wiener Bankiers. Mit einem Aktienkapital von 12 Millionen Talern war er wesentlich opulenter ausgestattet als die neun Monate ältere Deutsche Bank (5 Millionen Taler).

»Versteht der Frankfurter Bankverein seine Aufgabe, so kann ihm eine schöne Zukunft und seinen Aktionären eine gute Dividende nicht ausbleiben«, frohlockte das Fachblatt *Der Aktionär* anläßlich der Gründung und gab dem neuen Institut folgende Empfehlungen mit auf den Weg: »1) der Bankverein möge sich ein gutes laufendes Bankgeschäft großziehen; 2) er möge das Gründungs- und Emissionsgeschäft in wirklich internationalem und umfassendem Sinne und nicht bloß als Debit-Anstalt für österreichische Sachen betreiben; 3) die Verwaltung möge die Zersplitterung vermeiden und der Aufsichtsrat in die Funktionen der Direktion nur mit Takt und Mäßigung eingreifen.«

Die Erwartungen in den Frankfurter Bankverein waren also durchaus hochgesteckt, zumal man sich erhoffte, daß in Frankfurt, nachdem 1870 die staatliche Legitimation zur Gründung von Aktiengesellschaften entfallen war, nun eine überregionale

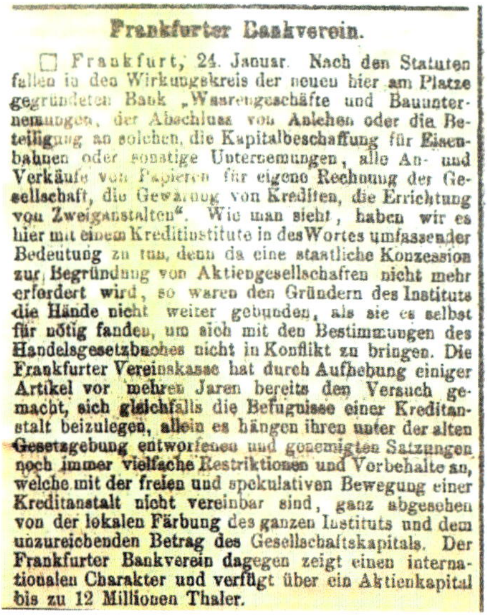

Frankfurter Bankverein.

□ Frankfurt, 24. Januar. Nach den Statuten fallen in den Wirkungskreis der neuen hier am Platze gegründeten Bank „Waarengeschäfte und Bauunternemungen, der Abschluss von Anlehen oder die Beteiligung an solchen, die Kapitalbeschaffung für Eisenbahnen oder sonstige Unternemungen, alle An- und Verkäufe von Papieren für eigene Rechnung der Gesellschaft, die Gewärung von Krediten, die Errichtung von Zweiganstalten“. Wie man sieht, haben wir es hier mit einem Kreditinstitute in des Wortes umfassender Bedeutung zu tun, denn da eine staatliche Konzession zur Begründung von Aktiengesellschaften nicht mehr erfordert wird, so waren den Gründern des Instituts die Hände nicht weiter gebunden, als sie es selbst für nötig fanden, um sich mit den Bestimmungen des Handelsgesetzbuches nicht in Konflikt zu bringen. Die Frankfurter Vereinskasse hat durch Aufhebung einiger Artikel vor mehren Jaren bereits den Versuch gemacht, sich gleichfalls die Befugnisse einer Kreditanstalt beizulegen, allein es hängen ihren unter der alten Gesetzgebung entworfenen und genemigten Satzungen noch immer vielfache Restriktionen und Vorbehalte an, welche mit der freien und spekulativen Bewegung einer Kreditanstalt nicht vereinbar sind, ganz abgesehen von der lokalen Färbung des ganzen Instituts und dem unzureichenden Betrag des Gesellschaftskapitals. Der Frankfurter Bankverein dagegen zeigt einen internationalen Charakter und verfügt über ein Aktienkapital bis zu 12 Millionen Thaler.

Artikel in *Der Aktionär* zur Geschäftseröffnung des Frankfurter Bankvereins

Aktienbank mit »internationalem Charakter« entstehen würde. Die von Delbrück gewünschte Konzentration des Frankfurter Bankvereins auf das Inlandsgeschäft deckte sich anscheinend nicht unbedingt mit den Intentionen des Publikums.

Über die Geschäfte des 15 Jahre existierenden Frankfurter Bankvereins ist allerdings wenig bekannt. Eine große Rolle spielten sicherlich – die Gründerzeit hatte gerade begonnen – das Engagement bei zahlreichen Terrain- und Immobiliengesellschaften sowie die Finanzierung von Eisenbahnbauprojekten (u.a. Sächsisch-Thüringische Eisenbahn, Kreuzberg-Posener Eisenbahn, Napoli-Nola-Bajano Eisenbahn, Gesellschaft für Schweizerische Lokalbahnen). Desweiteren lassen sich Aktivitäten im Serbischen Salzgeschäft und bei der Deutsch-Belgischen La Plata-Bank nachweisen, letzteres ein verlustreiches überseeisches Engagement, an dem auch die Deutsche Bank beteiligt war. Die Satzung sah ausdrücklich die Möglichkeit der

Errichtung von Zweigniederlassungen vor, zu der es jedoch anscheinend nicht kam. Schon wenige Monate nach seiner Gründung war der Frankfurter Bankverein Mitte 1871 an der Errichtung des Berliner Bankvereins beteiligt, einer Aktienbank, die 1876 von der Deutschen Bank übernommen wurde und damit historisch am Anfang von deren langer Akquisitionsliste steht. Gemeinsam mit dem Berliner Bankverein und dem Wiener Bankverein hatte das Frankfurter Haus vor allem in den ersten Jahren zahlreiche Beteiligungsgeschäfte getätigt. 1873 stand der Frankfurter Bankverein an der Spitze eines neunköpfigen Konsortiums, welches ein größeres Terrain auf der Sachsenhäuser Mainseite, entlang der späteren Schweizer Straße, erworben hatte. Als der Bankverein 1886 in Liquidation ging, war der Verkauf der rund zwei Dutzend Parzellen noch nicht abgeschlossen. Ende 1874 konnte der Frankfurter Bankverein ein eigenes

Kirchnerstraße 3, ab 1874 Geschäftsadresse des Frankfurter Bankvereins, ab 1886 der Frankfurter Filiale der Deutschen Bank

Bankgebäude in der Kirchnerstraße beziehen – ein repräsentativer Neurenaissancebau, der später der Deutschen Bank als Geschäftsadresse diente.

Der Frankfurter Bankverein nutzte das Gebäude zunächst nur in den unteren Geschossen und vermietete die übrige Fläche. Die Bank lag damit in unmittelbarer Nähe des Kaiserplatzes, der ersten repräsentativen Platzanlage der Gründerzeit in Frankfurt, an der zwei Jahre später mit dem »Frankfurter Hof« eine der bis heute führenden Nobelherbergen der Stadt ihre Pforten öffnete.

Der Aufsichtsrat des Bankvereins setzte sich vornehmlich aus wichtigen Frankfurter Privatbankiers zusammen, wobei vor allem Ludwig Simon Moritz Freiherr von Bethmann und J. L. Koenigswarter zu nennen sind, aber auch der bereits im Zusammenhang mit der Gründung der Deutschen Bank in Berlin erwähnte Hermann Marcuse aus Walluf. Die ersten Direktoren des Instituts, nach heutiger Definition der Vorstand, waren 1871 E. Kassel und H. Andreae. 1875 wurde E. Kalb, 1883 Carl Ritter von Leiden berufen. 1886, im letzten Jahr seines Bestehens, fungierten Carl von Leiden und Robert Kusenberg als Direktoren.

3. Von der Frankfurter Filiale der Deutschen Bank zur Deutschen Bank Filiale Frankfurt am Main

Übernahme und Liquidation des Frankfurter Bankvereins

In der ersten Jahreshälfte 1886 zeichnete sich ab, daß der Frankfurter Bankverein seine Geschäftstätigkeit beenden würde. Schon als Folge der Gründerkrise scheint seine Position ab 1873 nachhaltig geschwächt gewesen zu sein, wie mehrere dividendenlose Jahre und ein nachhaltiger Einbruch des Aktienkurses nahelegen.

»Mit dem Frankfurter Bankverein haben wir im Sommer 1886 ein Abkommen getroffen, wonach wir uns verpflichteten, dessen Actionären den [...] ungefähren inneren Werth der Actien zu bezahlen [knapp 10 Millionen Mark], die Activa und Passiva dieses Instituts zu übernehmen und dessen Geschäfte durch eine von uns in Frankfurt a. M. zu errichtende Filiale fortführen zu lassen.« Mit wenigen Worten wurde im Geschäftsbericht der Deutschen Bank ein Sachverhalt beschrieben, der, was das Inlandsgeschäft der Deutschen Bank betrifft, einen Wendepunkt markierte. Bislang hatte die Bank davon abgesehen, für das Geschäft innerhalb Deutschlands dezidiert eigene Niederlassungen zu errichten. Die bereits kurz nach der Gründung eröffneten Filialen in Bremen (1871) und Hamburg (1872) waren, gemäß dem Gründungsstatut der Deutschen Bank, zur Finanzierung des Auslandsgeschäfts notwendig. Doch das Delbrücksche Konzept der Bankvereine, die das Inlandsgeschäft abdecken sollten, war in der Realität nur bedingt praktikabel. Schon 1876 hatte die Deutsche Bank an ihrem Berliner Sitz den Berliner Bank-Verein übernommen und damit ihre Kundenzahl im Inland sowie gleichzeitig ihr Betätigungsfeld erheblich erweitert. Zum Zeitpunkt der Frankfurter Filialgründung war die Deutsche Bank zweifellos ein wichtiges überregionales Kreditinstitut, das sich eben anschickte, in Südamerika und Ostasien über Tochterbanken in großem Stil Fuß zu fassen. Doch ihre Position als führende deutsche Großbank hatte sie 1886 noch nicht erreicht.

Während die bisherigen Filialerrichtungen im In- und Ausland Neugründungen waren, übernahm die Deutsche Bank in Frankfurt erstmals Aktienkapital, Geschäft, Personal und Gebäude eines bereits bestehenden Hauses. Welche Beweggründe seitens der Deutschen Bank zu der Entscheidung führten, in Frankfurt diesen Weg zu beschreiten, ist nicht mehr sicher nachzuvollziehen. Daß es sich bei dem Frankfurter Bankverein nicht gerade um eine Erfolgsgeschichte gehandelt hatte, war offensichtlich. Gleichwohl konnte die Deutsche Bank hier auf eine vorhandene Geschäfts- und Kundenstruktur bauen, ein am stark besetzten Bankplatz Frankfurt nicht unwesentlicher Gesichtspunkt. Aufgrund seiner unbefriedigenden wirtschaftlichen Situation war der Frankfurter Bankverein sicher auch ein vergleichsweise günstiges Kaufobjekt.

In Artikel 2 des Liquidationsvertrags vom 15. Mai 1886 wird deutlich, daß die Übernahme des Frankfurter Bankvereins durch die Deutsche Bank allumfassend war: »Mit dem Antrage der Auflösung und Liquidation des Frankfurter Bankvereins sind der Antrag auf Ernennung der Liquidatoren und der Antrag zu verbinden: die Liquidatoren zu beauftragen und zu ermächtigen, sämmtliche Activen des Frankfurter Bankvereins, einschließlich der demselben eigenthümlich zugehörigen Immobilien an die Deutsche Bank in Berlin, welche beabsichtigt in Frankfurt am Main eine Filiale zu errichten, verkäuflich zu überlassen und zu Besitz und Eigenthum zu übertragen, gegen schuldnerische Übernahme aller Passiven des Frankfurter Bankvereins, sowie gegen Zahlung eines Betrages von M. 9660000 (Neun Millionen sechshundertsechzigtausend Mark) (gleich M. 300,- Dreihundert Mark – für jede Actie) zuzüglich Zinsen zu drei Procent p.a. vom 1. Januar 1886 bis zum Zahlungstage seitens der Deutschen Bank. Die Immobilien des Frankfurter Bankvereins werden bei vorgebrachtem Verkaufe zu dem Werthe übernommen, mit welchem dieselben in die Bilanz des Frankfurter Bankvereins per 31. Dezember 1885 eingestellt worden sind. Die Uebernahme der Activen und Passiven umfaßt auch das Eintreten der Deutschen Bank bezw. deren Filiale in alle Verträge des Frankfurter Bankvereins mit Miethern, mit Beamten und Bediensteten der Bank, überhaupt alle Rechte und Verbindlichkeiten, auch wenn dieselben nicht auf eigentlichen Handelsgeschäften beruhen.«

Der Vertrag sah weiter vor, daß zwischen dem Ende der Geschäftstätigkeit des Frankfurter Bankvereins und der Eröffnung der Frankfurter Filiale der Deutschen Bank nicht mehr als ein halbes Jahr verstreichen sollte. Die Liquidation selbst war jedoch erst Ende des Jahres 1887 abgeschlossen. Als Liquidator fungierte vor allem der ehemalige Direktor des Frankfurter

Bankvereins Robert Kusenberg. Im Laufe dieser Tätigkeit scheint es zu Mißverständnissen zwischen ihm und dem Vorstand der Deutschen Bank gekommen zu sein. Jedenfalls sah Kusenberg sein Engagement anscheinend nicht ausreichend gewürdigt: »Ich war gerne bereit gewesen, der Deutschen Bank die Sache zu erleichtern und ihr nützlich und gefällig zu sein, wie dies auch in jeder Hinsicht und bei jedem Anlass unausgesetzt geschehen ist. Aber fortgesetzt, während mehr als 9 Monaten [...] fast ausschließlich für Ihre Angelegenheiten und Interessen, die ich als meine eigenen behandelte zu arbeiten und daran gebunden zu bleiben, dazu hatte ich, wie Sie zugeben werden, bei aller Hochachtung für Ihr Institut, doch offenbar nicht die geringste Veranlassung. Indem ich so handelte, konnte und mußte ich voraussetzen, wie ich es auch jetzt noch nicht bezweifle, daß die Direction der Deutschen Bank, wenn auch bei Uebernahme des Auftrages laut besonderem Vertrage, über die den Liquidatoren hierfür zu gewährende Vergütung ein Abkommen nicht geschlossen wurde, die Verpflichtung, mich nach Erledigung des Auftrages für die für sie aufgewendeten Bemühungen in einer denselben und den geleisteten Diensten entsprechenden Weise zu entschädigen, nicht verkennen werde.«

Seitens der Deutschen Bank versuchte man eine Verstimmung auf jeden Fall zu vermeiden. Georg von Siemens, der seit der Gründung der Bank ihre Geschicke im wesentlichen lenkte, schaltete sich persönlich ein, da er an den Vertragsverhandlungen beteiligt gewesen war: »Es ging damals gerade von mir der Vorschlag aus, den Herren Liquidatoren eine Comission zu bewilligen [...] Wenn nun Herr Kusenberg demgegenüber seinen neuen Wunsch ausspricht, so scheint mir dies nur dadurch erklärlich, daß er diese Unterhaltung, bei welcher er zugegen war, überhört hat. Auf alle Fälle möchte ich nicht gern, daß dieses Geschäft auch nur bei einem einzigen der dabei betheiligten Herren eine bittere Erinnerung hinterließe [...] Wenn es sich herausstellt, daß die Abwicklung einen größeren Nutzen für die Deutsche Bank ergiebt, als ursprünglich veranschlagt worden war, so wird sich vielleicht eine Formel zur allgemeinen Zufriedenstellung finden lassen.« Schließlich bewilligte man Kusenberg eine Sonderzahlung von 5000 Mark »in Anerkennung dessen, daß Sie im Interesse einer beschleunigten Abwicklung vielfach und mit Erfolg über die gewöhnlichen Funktionen eines Liquidators hinaus thätig gewesen sind und der Sache Dienste geleistet haben, für welche Ihnen in dem vertragsmäßigen Honorar ein Aequivalent nicht geboten wird«. Kusenberg lehnte diese Zahlung aber aus nicht genannten Gründen ab.

Die Gründungsphase der Frankfurter Filiale

In die Dienste der neuen Frankfurter Filiale der Deutschen Bank trat Robert Kusenberg jedenfalls nicht, im Gegensatz zu seinem Kollegen Carl von Leiden. Von Leiden wechselte aus der Leitung des Frankfurter Bankvereins als Direktor in die Frankfurter Filiale der Deutschen Bank, die am 1. Oktober 1886 in der Kirchnerstraße 3 ihre Geschäftstätigkeit aufnahm.

Die endgültige Entscheidung der Deutschen Bank, nach Frankfurt zu gehen, war auf der Verwaltungsratssitzung vom

Wir beehren uns hierdurch zur Kenntniss zu bringen dass die

Frankfurter Filiale

der

Deutschen Bank

mit dem heutigen Tage ihre Thätigkeit begonnen hat.

Die Bureaux befinden sich

Kirchner-Strasse No. 3.

Frankfurt a. M., den 1. October 1886.

Frankfurter Filiale

der

Deutschen Bank

R. Koch. Dr. von Leiden.

Anzeige zur Geschäftseröffnung am 1. Oktober 1886

Rudolph von Koch,
Vorstandsmitglied der Deutschen
Bank von 1878–1909

7. September gefallen, knapp vier Monate nach Abschluß des Liquidationsvertrags mit dem Frankfurter Bankverein. Nach der Aktienrechtsnovelle von 1884 war der Einfluß des Verwaltungsrats der Deutschen Bank auf die Geschäftsführung zwar erheblich reduziert worden, doch stand dem Gremium noch immer Adelbert Delbrück vor, der seinerzeit – zumindest ideell – der Gründung des Frankfurter Bankvereins den Boden bereitet hatte und nun das Scheitern eines weiteren Bankvereins quittieren mußte.

Nachdem der Verwaltungsrat grünes Licht erteilt hatte, blieben jetzt nur noch drei Wochen bis zum geplanten Eröffnungstermin der Frankfurter Filiale.

Um die neue Niederlassung entsprechend zu installieren, entsandte die Berliner Zentrale, die damals noch von eher überschaubarem Ausmaß war, mit Rudolph von Koch eigens ein Vorstandsmitglied an den Main. Die Zustände, die er in Frankfurt vorfand, waren ziemlich ernüchternd. Am Eröffnungstag gab Koch seinen Berliner Kollegen folgenden Bericht: »Von meiner Ankunft hier mache ich gebührende Meldung. Seit heute Morgen setzt sich die hiesige Maschine langsam in Bewegung

[...] Mit dem hiesigen Personal habe ich mich schon beschäftigt. Damit sieht es nun nicht besonders aus. So recht an seinem Posten ist eigentlich Niemand. Die Gehälter sind unverhältnismäßig hoch [...] Viele haben Nebengeschäfte der Agenturen etc. Kurz, da muß ein ganz neuer Wind wehen, welchen zu blasen ich allmählich anfangen werde.«

Auch mit der Liquidität war es in den ersten Tagen der Filiale nicht zum besten bestellt, denn Koch mußte in Berlin um eine kurzfristige »Zwischenfinanzierung« bitten: »Neben der Geburtsanzeige habe ich auf kommende Thaten ein Conto Corrent und überseeische Geschäfte hingewiesen. Hoffentlich nach Ihrem Geschmack. Der positive Hinterhalt für diese Versprechungen besteht allerdings augenblicklich nur aus zwei Pfennigen, welche auf Kusenbergs verlassenem Pulte liegen geblieben sind. Das ist vorläufig der ganze hiesige Betriebsfonds, denn der Bankverein hat auch nichts übrig. – Sobald Sie also die Ultimo Wehen überstanden haben, bitte ich ergebenst um eine kleine Überweisung.« Der ironische Tonfall in Kochs Schilderung der Frankfurter Verhältnisse ist kaum zu überhören, durchaus ein Zeugnis für die Gelassenheit einer Führungspersönlichkeit der Bank angesichts einer schwierigen Ausgangssituation. Nach etwa einem Monat wäre Koch allerdings gerne nach Berlin zurückgekehrt, doch seine Vorstandskollegen Georg von Siemens und Max Steinthal waren der Meinung, er sollte zumindest die Ankunft des designierten Filialdirektors Wilhelm Seefrid abwarten.

Zusammen mit Carl von Leiden, der 1892 zur neugegründeten Bayerischen Filiale der Deutschen Bank nach München wechselte, bildete Seefrid in den ersten Jahren das Führungsgespann.

Seefrid, der bisher in leitender Stellung bei der Danziger Privat-Actien-Bank tätig gewesen war, konnte seinen Posten in Frankfurt erst in der zweiten Novemberhälfte 1886 antreten. Welche Gründe damals zu seiner Berufung geführt hatten, ist nicht bekannt. Seefrid stammte aus Württemberg. Sicher war man bestrebt, in Frankfurt nicht gerade einen ausgesprochenen

Wilhelm Seefrid, Filialdirektor von 1886–1908

Carl von Leiden, Filialdirektor von 1886–1892

»Preußen« in der Filialleitung zu installieren. Gleichwohl hielt Siemens es für unerläßlich, daß Koch ihm bei den ersten Gehversuchen in Frankfurt zur Seite stand und äußerte sich nicht gerade schmeichelhaft über die Fähigkeiten des künftigen Filialdirektors: »Denn da Seefrid vom Börsengeschäft nichts versteht und daneben eine gewisse Neigung besitzt, seine Autorität geltend zu machen (sowohl in Dingen, welche er versteht, als auch in solchen, welche er nicht versteht), so würde es einen Krach geben, wenn er nicht vorher eine gewisse Anleitung erhält.«

Neben Carl von Leiden und Wilhelm Seefrid trat mit Hermann Maier in der Position eines Prokuristen noch ein dritter Zeichnungsberechtigter in die Frankfurter Filiale der Deutschen Bank ein. Auf ihn war Georg von Siemens von seinem Vorstandskollegen Max Steinthal und Leopold Sonnemann, dem Verleger der *Frankfurter Zeitung*, deren Wirtschaftsteil unter den deutschen Blättern tonangebend war, aufmerksam gemacht geworden.

Seit Anfang der 1880er Jahre schrieb Maier die Tages- und Wochenberichte aus der Frankfurter Börse für die Wirtschafts-

Hermann Maier,
ab 1886 Prokurist,
1899–1912 Filialdirektor

redaktion der *Frankfurter Zeitung*. Als die Errichtung der Filiale spruchreif geworden war, fragte Siemens bei Sonnemann nach: »Ich erlaube mir auf den Vorschlag zurückzukommen, welchen Sie mir [...] bezüglich des Hr. Maier machten, über welchen ich seither sehr gute Auskunft auch anderweit erhalten habe. Meine ergebene Frage würde dahin gehen, ob Sie glauben 1) daß Hr. Maier bald abkommen kann 2) daß ihm eine Prokuristenstelle bei uns recht ist und 3) ob Sie eine ungefähre Schätzung seiner Ansprüche haben. Ich würde Ihnen für eine freundliche und möglichst rasche Auskunft außerordentlich verbunden sein. Mit hiesigen Leuten wird man in Frankfurt doch etwas Vernünftiges aufbauen können.«

Maier sollte, gemeinsam mit Seefrid, das Frankfurter Geschäft in den nächsten 20 Jahren wesentlich prägen. Er hatte seine Laufbahn im Frankfurter Bankhaus E. Ladenburg begonnen, das 1930 von der Deutschen Bank und Disconto-Gesellschaft übernommen wurde, und war hauptsächlich für das Börsen-, Devisen- und Auslandsgeschäft zuständig. Ausgesprochene Spezialabteilungen existierten bei Beginn der Geschäftstätigkeit jedoch noch nicht. Vom Personalbestand des Frankfurter Bankvereins ist neben Direktor Carl von Leiden, der ja nur vergleichsweise kurz in Frankfurt blieb, vor allem noch Emil Simon zu nennen, der – mit Hermann Maier seit Jugendtagen freundschaftlich verbunden – über fast vier Jahrzehnte an leitender Position in der Börsenabteilung der Frankfurter Filiale tätig sein sollte. Es war also eine Mischung aus Kräften, die man vom Frankfurter Bankverein übernahm (von Leiden, Simon) und Neueinkäufen – teils mit Frankfurter Hintergrund (Maier), teils von außerhalb (Seefrid) –, die im Oktober 1886 bei der Filialeröffnung zu Verfügung stand.

Geschäftstätigkeit und Filialleitung

Ähnlich wie in den frühen Tagen der Deutschen Bank in Berlin waren die Anfänge, auch im Hinblick auf die räumliche Ausstattung, in Frankfurt bescheiden. Zwar hatte man vom Bankverein ein eigenes Gebäude übernommen, doch die beiden Direktoren teilten sich noch viele Jahre ein Arbeitszimmer, was zumindest von Hermann Maier, der nach dem Weggang von Leidens 1892 in die Filialleitung aufstieg, durchaus als nützlich empfunden wurde, weil viele Dinge dadurch einfach und rasch erledigt werden konnten. Die Arbeitsatmosphäre war bei der noch überschaubaren Zahl der Mitarbeiter (im Jahr 1900 etwa 75) familiär, was von der Filialleitung gepflegt wurde. Hermann Maiers Sohn beschrieb sie rückblickend folgendermaßen: »Natürlich herrschte in den ersten zwei Jahrzehnten auf der Bank ein patriarchalischer Ton, der sich auf alle Mitarbeiter erstreckte. Meiner Erinnerung nach waren damals außer Emil Simon an leitender Stelle fernerhin Prokuristen die Herren Goldstein, Reich und Werner. Meine Eltern pflegten mindestens einmal im Jahr die zuletzt genannten Herren mit ihren Familien zu sich einzuladen, weil mein Vater auf ein freundschaftliches Verhältnis zu den Angestellten großen Wert legte. Er sagte gern, in einem guten Betrieb muß man sich wie in einer Familie fühlen, ja einen gewissen Familienstolz pflegen.« Dazu gehörte von Anfang an auch, daß man sich seitens der Filialleitung um die berufliche Weiterbildung von Nachwuchskräften bemühte und Weiterbildungsstätten wie Berufs- und Handelsschulen finanziell unterstützte.

In dieser Hinsicht hatten die traditionellen Frankfurter Privatbanken, wohl aus Gründen der Sparsamkeit, nicht gerade einen guten Ruf, wie der schon fast bösartige Ausspruch eines Bankiers zu seinem ausgelernten Lehrling erkennen läßt: »Ich gratuliere Ihnen, Sie sind jetzt Commis, aber nicht bei mir.« Der spätere Vorstandssprecher der Deutschen Bank Arthur von Gwinner begann 1873 eine Lehre im Bankhaus August Siebert, das gerade in eine Filiale der Mitteldeutschen Creditbank umgewandelt worden war. In seinen Lebenserinnerungen bestätigt von Gwinner die wenig generöse Haltung in Frankfurter Häusern: »Dann kam ich nach einem halben Jahr in die Kasse. Bei Erkrankung des zweiten Kassierers hatte ich zur Aushilfe dessen Kassenbuch zu führen. Aus dem Interim wurden aber Monate; ich schlug mich ganz brav und versah also den Posten eines Beamten. In dieser Lage faßte ich mir einmal ein Herz und ging zu dem Direktor Stilgebauer, dem ›Goldonkel‹. Er fand meine Anmaßung, ob ich vielleicht auf Gehalt hoffen dürfe, da ich schon seit Monaten die Arbeiten eines hochbezahlten Beamten versah, wohl etwas kühn, denn sein erstes Wort war das beliebte Frankfurter: ›no‹!«

Exkurs: Arthur von Gwinner – ein Frankfurter an der Spitze der Deutschen Bank

»Ich wurde geboren am 6. April 1856, einem Sonntage, in der Freien Reichsstadt Frankfurt am Main in dem Hause Hirschgra-

Arthur von Gwinner, Vorstandssprecher der Deutschen Bank von 1910–1919

ben Nr. 5.« Mit diesen Worten beginnen die Lebenserinnerungen Arthur von Gwinners.

Er war das Frankfurter Element in der Berliner Zentrale der Deutschen Bank. Gwinner stammte aus einer alteingesessenen Frankfurter Juristenfamilie; sein Vater war der Testamentsvollstrecker Arthur Schopenhauers, sein Großvater bekleidete in Frankfurt das Amt des Älteren Bürgermeisters. Nach einer Banklehre bei der Mitteldeutschen Creditbank in Frankfurt am Main arbeitete Gwinner für ein Jahrzehnt im Ausland (England, Frankreich, Spanien) und erwarb sich dort umfangreiche Kenntnisse des internationalen Bankgeschäfts. 1885 heiratete er Anna Speyer, die Tochter des Inhabers von Lazard Speyer-Ellissen, einem der renommiertesten jüdischen Bankhäuser in Frankfurt. Hier hätte er eintreten können, doch der ehrgeizige

Nachwuchsbankier hatte die Zeichen der – damaligen – Zeit erkannt und war sich klar darüber, »daß eine erfreuliche Tätigkeit und geschäftliche Zukunft für einen Bankmann in Deutschland nirgends anders zu suchen und zu finden sei als in der aufstrebenden Reichshauptstadt.«

1888 erwarb er das Berliner Bankhaus Riess & Itzinger, das er unter eigenem Namen weiterführte, 1894 aber liquidierte, als er in den Vorstand der Deutschen Bank berufen wurde. Gwinner war dort vor allem im internationalen Bereich tätig und arbeitete eng mit Georg von Siemens zusammen. Siemens schied Ende des Jahres 1900 aus dem Vorstand aus, und Gwinner übernahm seine Aufgabenbereiche, vor allem die großen internationalen Geschäfte wie die Bagdadbahn oder die Eisenbahnfinanzierungen in Nordamerika. Mit dem Kauf und der Sanierung der rumänischen Erdölgesellschaft »Steaua Romana» begann zudem im Jahre 1903 der Aufbau der Ölinteressen der Deutschen Bank, ein Bereich, für den Gwinner ebenfalls verantwortlich zeichnete. Sein Name ist ferner eng verbunden mit der Entwicklung des Auslandsgeschäfts der elektrotechnischen Industrie, vor allem mit den ausländischen Engagements der Firmen AEG und Siemens sowie deren Holding-Gesellschaften.

Sowohl die Bagdadbahn als auch die Erdölgeschäfte der Deutschen Bank waren wirtschaftliche und zugleich politische Unternehmungen, die viel diplomatisches Geschick erforderten. Gwinner erwarb sich hier den Ruf als »Diplomat der Bank«, eine Aufgabe, für die er durch seine kosmopolitischen Eigenschaften und seine hervorragenden Sprachkenntnisse besonders befähigt war. Zwar hatte seit 1901 zunächst Rudolph von Koch – bedingt durch das Anciennitätsprinzip – die Sprecherfunktion inne, doch Gwinner galt, sowohl innerhalb des Hauses als auch in der Öffentlichkeit, als der Nachfolger von Siemens in der Leitung der Bank als Vollstrecker der großen Auslandsprojekte. Von 1910 bis 1919 fungierte er dann auch offiziell als Sprecher der Bank. Im Januar 1910 berief Kaiser Wilhelm II. Gwinner für seine Verdienste im Osmanischen Reich in das preußische Herrenhaus und er erhielt das Adelsprädikat. Zu dem auch von Gwinner gepflegten »Stil« der Deutschen Bank gehörte es im übrigen, daß der jeweilige Sprecher des Vorstands keinen herausgehobenen Titel führte. Gwinner schrieb deshalb am 3. Mai 1912 – »vertraulich und nicht zur Veröffentlichung bestimmt« – an das *Berliner Tageblatt*: »Unter Bezug auf Ihren vorgestrigen Bericht über die Bergmann-Generalversammlung bitte ich freundlichst, mich nicht als Generaldirektor zu bezeichnen. Die Deutsche Bank hat nie einen solchen gehabt und wird auch, solange ich Mitglied des Vorstandes bin, keinen erhalten. Unsere Verfassung ist eine demokratische.«

Gwinner schied 1919 aus dem Vorstand aus und trat in den Aufsichtsrat der Bank ein, dessen stellvertretender Vorsitzender er von 1923 bis zu seinem Tode im Jahre 1931 war. Für die Bankmitarbeiter stiftete er im Jahre 1917 einen Betrag von 300 000 Mark, mit dem ein Erholungsheim auf dem Krähenberg bei Caputh, in der Nähe von Potsdam, errichtet wurde. Über das Bankfach hinaus galten Gwinners vielfältige Interessen vor allem der Mineralogie und Botanik. Arthur von Gwinner starb am 29. Dezember 1931 in Berlin.

Der Start der Filiale einer aufstrebenden, international tätigen Berliner Aktienbank wurde in Frankfurt von der Mehrheit der Privatbankiers durchaus kritisch beobachtet, denn auch noch 20 Jahre nach der preußischen Einverleibung der Stadt stand man »Importen« aus Berlin generell skeptisch gegenüber. Die Filialleitung war also gut beraten, den freundschaftlichen Kontakt zu angestammten Frankfurter Privatbanken zu pflegen. Hier sind in erster Linie die Häuser Jakob S. H. Stern, Gebrüder Sulzbach, Lazard Speyer-Ellissen, Gebrüder Bethmann, I. Dreyfuss und Co. und Metzler seel. Sohn & Co. zu nennen.

In den ersten Jahrzehnten ihres Bestehens verfolgte die Frankfurter Filiale der Deutschen Bank in der Hauptsache das Ziel, der aufstrebenden Industrie im südwestdeutschen Raum und dem expandierenden Handel neue Wege zu wirtschaftlichem Wachstum aufzuzeigen. Neben den Firmenkunden nutzten auch wohlhabende Privatkunden die Expertise des Instituts.

Und natürlich spielte am traditionellen Börsenstandort Frankfurt der Wertpapierhandel in der Geschäftstätigkeit der Filiale eine wichtige Rolle. Wie schon erwähnt hatte der Frankfurter Platz auch noch Ende des 19. Jahrhunderts einen guten Ruf bei der Emission ausländischer Staatspapiere. Die Deutsche Bank setzte sich in den achtziger und neunziger Jahren für die Unterbringung argentinischer, mexikanischer, türkischer und vor allem nordamerikanischer Anleihen ein. Diese Wertpapiere waren von Ausstattung und Qualität sehr verschieden. Hier zahlte sich die enge Verbindung von Hermann Maier zu Leopold Sonnemann und dessen *Frankfurter Zeitung* aus, die in ihrem sorgfältig redigierten Handelsteil kontinuierlich diese Papiere bewertete.

Wie wichtig diese externe Expertise von der Deutschen Bank genommen wurde, zeigt sich in folgender Begebenheit: 1895 reiste der amerikanische Bankier Edward D. Adams, der über Jahrzehnte die Interessen der Deutschen Bank in den USA vertrat, nach Frankfurt, um dort mit Georg von Siemens über die Reorganisation der zahlungsunfähig gewordenen Northern Pacific Railroad Company zu sprechen. Die Finanzierung dieser Eisenbahngesellschaft war das wichtigste, zugleich aber von vielen Höhen und Tiefen geprägte US-Engagement der Deutschen Bank vor dem Ersten Weltkrieg. An dem Treffen nahmen neben Siemens und Adams auch Vertreter der Wirtschaftsredaktion der *Frankfurter Zeitung* teil. Gegenüber Filialdirektor Hermann Maier äußerte Siemens im Nachgang zu dieser Unterredung, daß er sich glücklich schätzen würde, wenn er in Berlin so sachverständige Berater wie im Frankfurt antreffen würde.

Im Gründungsjahr der Filiale wurde in Frankfurt mit der Mainkanalisation begonnen, die eine bessere Anbindung der Stadt an den Frachtschiffverkehr zur Folge hatte. Ebenfalls 1886 begann der Fabrikant Heinrich Kleyer in der Mainmetropole mit der Fabrikation von »Velocipeden« und wurde damit zum

Begründer der deutschen Fahrradindustrie. 1889 produzierte Kleyer bereits mit 600 Beschäftigten in einer neuerrichteten Fabrik im Frankfurter Gallusviertel. Die später in Adlerwerke vorm. Heinrich Kleyer AG umbenannte Firma stieg seit Mitte der 1920er Jahre auch im großen Stil in den Automobilbau ein. Zeitweise stammte fast ein Fünftel der in Deutschland hergestellten Autos aus Frankfurt. Die Adlerwerke vorm. Heinrich Kleyer gehörten früh zu den wichtigen Firmenkunden der Frankfurter Filiale der Deutschen Bank; zwischen Filialdirektor Hermann Maier und dem kaufmännischen Leiter der Adlerwerke Friedrich Majer-Leonhard bestand ein freundschaftliches Verhältnis. Gute persönliche Verbindungen bestanden seitens der Filialleitung auch zu Heinrich Roessler, über Jahrzehnte die prägende Persönlichkeit der Degussa.

Ein starker Impuls ging von der großen Internationalen Elektrotechnischen Ausstellung des Jahres 1891 in Frankfurt aus. Waren hier bisher Metall-, Leder-, Seide-, Getreide- und Weinhandel wichtig gewesen, so entstanden jetzt neue Werke der Chemie-, der Metall-, der Elektrischen und der Bauindustrie, die im Wandel von Klein- zu Großbetrieben die Unterstützung und Beratung durch die Frankfurter Niederlassung der Deutschen Bank suchten. Zu den Firmenkunden aus dem Bereich dieser »jungen« Industrien zählte etwa die im gleichen Jahr wie die Frankfurter Filiale gegründete Spezialfabrik für elektrische Schaltgeräte und Schaltanlagen Voigt & Haeffner. Die Deutsche Bank begleitete die Entwicklung des Unternehmens für viele Jahrzehnte. Als Hausbank war sie 1900 an der Umwandlung des Unternehmens in eine Aktiengesellschaft beteiligt, und der Aufsichtsratsvorsitzende rekrutierte sich in der Regel aus der Direktion der Frankfurter Filiale. Die Förderung der elektrotechnischen Industrie gehörte ja auch zu den wesentlichen Industrieengagements der Berliner Zentrale (hier vor allem die AEG), und so wurde die große Linie der Gesamtbank auch auf Filialebene umgesetzt.

Bei der rasanten Expansion manches Industrieunternehmens blieb es natürlich nicht aus, daß die Betreuung eines Großkunden auf die Zentrale in Berlin überging, was in der Filiale verständlicherweise mit wenig Wohlwollen quittiert wurde. Die Beziehung zu einigen Frankfurter Firmen war aber ohnehin immer direkt über die Berliner Zentrale gepflegt worden, zum Beispiel mit dem Bauunternehmen Philipp Holzmann, dessen Entwicklung die Deutsche Bank von 1873 – also lange vor der Gründung der Frankfurter Filiale – bis zu dessen Ende im Jahre 2002 begleitet hat. Hier schalteten sich bei übergeordneten Fragen in der Regel Georg von Siemens und später Arthur von Gwinner direkt ein. Holzmann errichtete auch wesentliche der von der Deutschen Bank genutzten Bankgebäude: 1903/04 den Roßmarkt 18 (für die Disconto-Gesellschaft errichtet), 1968–1971 das »alte« Hochhaus in der Großen Gallusstraße und 1980–1984 die Zwillingstürme der Zentrale in der Taunusanlage.

Daß eine gute Reputation ihren Preis haben kann und man in der Frankfurter Filiale der Deutschen Bank bereit war, diesen zu zahlen, illustriert folgende, leider nicht datierte Episode, die sich etwa um die Wende zum 20. Jahrhundert abgespielt haben dürfte und in dem ehernen Diktum gipfelte »Die Deutsche Bank irrt sich nicht!«: Eines Abends kam ein sehr zuverlässiger Kassierer zu Direktor Hermann Maier und erklärte aufgeregt, er müsse sich geirrt haben und an einen Kunden eintausend Mark zuviel ausbezahlt haben. Maier erwiderte, es sei recht, daß er den Irrtum sofort gemeldet habe, er sei überzeugt, daß bei der Persönlichkeit des betreffenden Kunden der Betrag zurückfließen werde. Aber, so setzte er hinzu: Sie werden ihn nicht zurücknehmen, denn »die Deutsche Bank irrt sich nicht«. Erst nach etwa einer Woche kam der Kunde und meinte, die Bank hätte ihm zuviel Geld gegeben. Der Kassierer erklärte jedoch bestimmt: »Die Deutsche Bank irrt sich nicht«. Der Kunde, ein Mitglied der Frankfurter Börse, behielt das Geld und verbreitete den Vorgang an der für solche Geschichten so aufnahmebereiten Börse. Den Schaden hat die Direktion persönlich getragen, erfreut über das gute Zeugnis, das man ihr auf der Börse erteilte.

Ebenfalls aus dieser Zeit ist aus Kundenkreisen eine Episode überliefert, die einiges über die kollegiale Atmosphäre aussagt, die in der Frankfurter Filiale herrschte. In den 1890er Jahren kam der in Lissabon ansässige deutsche Kaufmann und Industrielle Georg Jerosch nach Deutschland, um mit Großbanken wegen der Finanzierung vielfacher Geschäfte – Korkexport, Kohlenimport und spanische Kupferminen – in Kontakt zu kommen. Er war zunächst in Berlin gewesen und hatte dann in Frankfurt Filialdirektor Maier zu einer längeren Unterredung aufgesucht. Im Laufe dieses Gesprächs wurden Unterlagen benötigt, und Maier bat einen Lehrling: »Bitte, seien Sie so gut und bringen Sie mir das Buch hierher!« Von diesem Augenblick an, äußerte Jerosch später, war er entschlossen, mit der Frankfurter Filiale der Deutschen Bank seine Geschäfte zu tätigen, weil ihm der freundliche Ton zwischen oberstem Chef und jüngstem Lehrling so gut gefallen habe. Der »Stil des Hauses« – heutzutage würde man ihn als Corporate Culture bezeichnen – hatte zur Entstehung einer für die Bank wertvollen Geschäftsverbindung geführt.

Der Tod von Wilhelm Seefrid im Jahr 1908 markierte sicherlich einen Einschnitt. Seit der Eröffnung stand er in über zwei Jahrzehnten an der Spitze der Frankfurter Filiale. In der Zusammenarbeit mit Hermann Maier hatte sich eine erfolgreiche Doppelspitze etabliert, die bisweilen gleichwohl in recht großer Unabhängigkeit gegenüber Berlin agierte. Die Nachfolgeregelung erwies sich als schwierig. Bereits 1903 war Julius Scharff in die Direktion aufgestiegen, der auch mit Maier gut harmonierte. Er stammte aus einer alten Frankfurter Familie und war mit Arthur von Gwinner befreundet. Allerdings schied Scharff bereits 1906 auf eigenen Wunsch aus, da er sich als Nichtbankfachmann von dieser Aufgabe letztlich überfordert fühlte. Maier favorisierte eigentlich einen Kandidaten, der mit dem Frankfurter Platz vertraut war. Doch nachdem er aus den hiesigen Bankierskreisen keine geeignete Persönlichkeit präsentieren konnte, entschied die Zentrale in Berlin, ihm Alfred von Heyden zur Seite zu stellen – zu diesem Zeitpunkt stellvertretender Direktor der Bremer Filiale. Die Zusammenarbeit zwischen Maier und dem aus Norddeutschland stammenden von Heyden, von Hause aus Jurist, gestaltete sich nicht spannungsfrei.

Seefrid und Maier waren es gewohnt gewesen, die Filiale praktisch wie Privatbankiers zu führen. Mit dem Vorstand der Berliner Zentrale, der ja in dieser Zeit auch noch als »Direction« titulierte, fühlten sie sich auf Augenhöhe. Am ersten Allgemeinen Deutschen Bankiertag, der im September 1902 in Frankfurt stattfand – und übrigens im Saalbau in der Junghofstraße tagte, an dessen Stelle sich heute der Hermann Josef Abs-Saal befindet –, nahmen Seefrid und Maier neben den Berliner Vorständen Rudolph von Koch und Carl Klönne als Vertreter der Deutschen Bank teil. Doch in den kommenden Jahren wandelte sich in der Deutschen Bank, die mittlerweile in ihrer wirtschaftlichen Bedeutung den ersten Platz unter den deutschen Kreditinstituten eingenommen hatte, das Verhältnis zwischen Zentrale und Filiale. In der Zentrale war man bestrebt, die Usancen der Niederlassungen stärker in die Richtlinien der Gesamtbank einzubinden, was von den Filialen natürlich als Einschränkung ihrer Gestaltungsfreiheit empfunden wurde. So wurde zum Beispiel von Berlin wiederholt eine allzu ausgedehnte Ausweitung des Personalkredits ohne entsprechende reale Sicherheit moniert. Frankfurt konterte, daß man »trotz des Umfangs des Geschäftes recht genau seine Kreditnehmer, ihren Ruf, ihre Vergangenheit und ihr Geschäftsgebahren« kenne. Die Zentrale wollte jedoch lokale Sonderkonditionen vermeiden.

Mit deutlichen Worten teilte der Vorstand daher Hermann Maier im November 1908 mit, daß man sich von der Berufung Alfred von Heydens auch eine Modernisierung und größere Transparenz des Geschäftsbetriebs in Frankfurt erhoffte: »Wie wir schon mehrfach besprochen haben, liegen die Verhältnisse in Frankfurt derart, daß eine Verstärkung der Direktion zu Ihrer Entlastung dringend erforderlich erscheint. Es sind ja nicht nur die laufenden Geschäfte, welche Ihre Arbeitskraft voll in Anspruch nehmen, sondern es harrt auch noch die oftmals erörterte Frage der Reorganisation des inneren Betriebes ihrer Lösung. Die in dieser Beziehung bei der letzten Revision wie-

Alfred von Heyden, Filialdirektor von 1912 – 1926

derum zutage getretenen Mängel haben uns die Entschließung nahegelegt, den stellvertretenden Direktor, Herrn Dr. v. Heyden, welcher zurzeit noch in Bremen weilt, in gleicher Eigenschaft zu Ihrer Entlastung heranzuziehen. Sobald derselbe dort abkömmlich ist, werden wir ihn veranlassen, nach Frankfurt überzusiedeln.«

Für Maier hatte das persönliche Vertrauensverhältnis zum Kunden über allem gestanden, wie die zitierten Anekdoten belegen. Die von Berlin geforderte Rationalisierung des inneren Betriebes, die von einem Juniordirektor und potentiellen Nachfolger durchgeführt werden sollte, dürfte Maier als Geringschätzung seiner Tätigkeit empfunden haben. Hinzu kam, daß

Maier und von Heyden auch in ihren politischen Ansichten divergierten. Auf der einen Seite der Vertreter des liberalen jüdischen Frankfurter Bürgertums, engagiert in zahlreichen gemeinnützigen Stiftungen und Institutionen der Volksbildung, auf der anderen Seite ein parteipolitisch engagierter Deutschnationaler, dessen Tatendrang beim Eintritt in die Filiale anläßlich seines 25jährigen Dienstjubiläums mit einem selbst für damalige Zeiten überbordenden Pathos bejubelt wurde und ein barsches Urteil über die Ära Seefrid/Maier fällte: »Ein ähnlicher Dezembertag war's, wie heute, als vor 17 Jahren, mitten in den Winterschlaf der Frankfurter Filiale ein Feuergeist herniederfuhr, Altes, faul und morsch Gewordenes verzehrend, Neues schaffend, Ödland mit kantiger Pflugschar bereitend für die neue Saat, für den Lenz der verjüngten Filiale.« In der Filialdirektion fand ein spannungsreicher Generationswechsel statt, der auch unter den Mitarbeitern zu Unruhe und Kontroversen geführt haben dürfte. 1912 demissionierte Maier im Alter von 57 Jahren, von Heyden und Carl Spaeth stiegen zu Filialdirektoren auf. Von Heyden war, neben den Ressorts Sekretariat und innere Verwal-

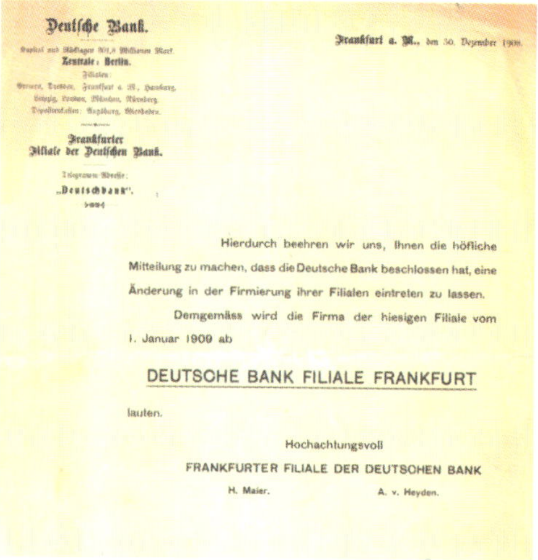
Deutsche Bank.

Zentrale: Berlin.

Frankfurter
Filiale der Deutschen Bank.

„Deutschbank".

Frankfurt a. M., den 30. Dezember 1908.

Hierdurch beehren wir uns, Ihnen die höfliche Mitteilung zu machen, dass die Deutsche Bank beschlossen hat, eine Änderung in der Firmierung ihrer Filialen eintreten zu lassen.

Demgemäss wird die Firma der hiesigen Filiale vom 1. Januar 1909 ab

DEUTSCHE BANK FILIALE FRANKFURT

lauten.

Hochachtungsvoll

FRANKFURTER FILIALE DER DEUTSCHEN BANK

H. Maier. A. v. Heyden.

Änderung der Firma in Deutsche Bank Filiale Frankfurt zum 1. Januar 1909 tung, für die Bearbeitung der großen Kreditgeschäfte zuständig und versuchte vor allem, den Kreis der Firmenkunden der Filiale zu erweitern.

Bezeichnenderweise wurde zeitgleich mit der Berufung Alfred von Heydens zu Jahresbeginn 1909 die Umfirmierung der Niederlassung von »Frankfurter Filiale der Deutschen Bank« in »Deutsche Bank Filiale Frankfurt« vollzogen. Dieser Schritt, der auch die übrigen Filialen der Bank betraf, war ein deutliches Zeichen für die engere Anbindung der Zweiganstalten an die Bankzentrale zur Schaffung eines einheitlicheren Marktauftritts. Bislang war die Frankfurter Niederlassung der Deutschen Bank in den einschlägigen Bank-Verzeichnissen tatsächlich unter dem Buchstaben F geführt worden.

Unter den Filialen der Deutschen Bank, deren Zahl bis 1914 ja noch sehr überschaubar war, nahm der Geschäftsumfang in Frankfurt vor dem Ersten Weltkrieg eine mittlere Position ein. Mit London, Hamburg und Bremen konnte man nicht mithalten, die Frankfurter Umsätze lagen eher im Umfeld derjenigen von Leipzig, Dresden und München.

Filiale	**Bilanzsumme 1913**
London	218 Mio. Mark
Hamburg	182 Mio. Mark
Bremen	111 Mio. Mark
Dresden	74 Mio. Mark
Leipzig	64 Mio. Mark
Frankfurt am Main	59 Mio. Mark
München	49 Mio. Mark
Brüssel	30 Mio. Mark
Konstantinopel	20 Mio. Mark
Nürnberg	18 Mio. Mark
Wiesbaden	13 Mio. Mark

Die Bilanzsumme der Filiale Frankfurt hatte lange Jahre stagniert und war erst in den letzten Jahren vor dem Ersten Weltkrieg deutlich angestiegen. Während sich allerdings die Bilanzsumme der Gesamtbank im Zeitraum von 1886 bis 1913 mehr als versiebenfachte (von 305 Mio. auf 2245 Mrd. Mark), hatte sich dieser Wert bei der Filiale Frankfurt gerade einmal knapp verdreifacht (von 21 Mio. Mark auf 59 Mio. Mark).

Die Arbeitsbedingungen der Mitarbeiter

Um die Jahrhundertwende begannen sich die Arbeitsbedingungen der Mitarbeiter zu wandeln. Sonn- und Feiertagsarbeit war 1904 in den Frankfurter Banken schon nicht mehr üblich, gearbeitet wurde üblicherweise montags bis samstags von 8.30 Uhr bis 13 Uhr und von 14.30 »bis man fertig war«. Schreibmaschinen und Telefone begannen die Büros zu erobern; damit begann auch der zunächst von vielen männlichen Bankbeamten als ungeheuerlich empfundene Einzug weiblicher Mitarbeiterinnen in der Funktion von Stenotypistinnen und Telefonistinnen. Daß die Vorzimmer der »Leitenden« und Sachbearbeiterpositionen mit Frauen besetzt wurden, war eine Entwicklung, die erst in den letzten Jahren vor dem Ersten Weltkriegs einsetzte, in dessen Verlauf das weibliche Personal dann stark zunahm. Die erste weibliche »Beamtin« der Deutschen Bank Filiale Frankfurt ist für das Jahr 1909 in der Buchhaltung nachgewiesen; früh verwitwet, war sie auf eine Erwerbstätigkeit angewiesen und hatte sich kaufmännische Kenntnisse angeeignet, jedoch keine Banklehre absolviert. Die Disconto-Gesellschaft, ansonsten als stockkonservativ angesehen, scheint in diesem Punkt sogar liberaler gewesen zu sein als die Deutsche Bank und schon früher weibliches Personal, neben den von Anfang an eingesetzten Reinigungs- und Aushilfskräften, beschäftigt zu haben.

Ein Merkmal des Frankfurter Platzes war der traditionell hohe Anteil jüdischer Unternehmen. Sowohl die Deutsche

Bank wie auch die Disconto-Gesellschaft überlegten, wie diese Klientel am besten zu erreichen sei. Nicht nur in der Filialleitung war man bestrebt, dem starken jüdischen Element im Wirtschaftsleben der Stadt Rechnung zu tragen, auch den Depositenkassen mit hohem jüdischem Geschäftsanteil sollten nach Möglichkeit Mitarbeiter jüdischer Herkunft vorstehen, wie eine Anfrage an die Filiale Stuttgart aus dem Jahr 1928 belegt: »Unsere Filiale Frankfurt am Main sucht als Leiter für ihre größte Depositenkasse Konstablerwache, früher Zeil, einen älteren Herrn, der außer zur Leitung einer derartigen größeren Kasse besonders geeignet ist, einen regen Verkehr mit der größtenteils jüdischen Kundschaft zu unterhalten, und der daher selbst nach Ansicht der Filiale Frankfurt möglichst der mosaischen Religion angehören muß. Diese Kasse ist für unsere Stellung am Frankfurter Platze von Bedeutung. Da uns nur wenige Herren zur Verfügung stehen, die den Anforderungen von Frankfurt genügen und denen wir diesen Posten anvertrauen möchten, haben wir an den Leiter Ihrer Zweigstelle Vaihingen [...] gedacht.«

Das Anforderungsprofil für Mitarbeiter einer Großstadtfiliale lag deutlich über dem einer Niederlassung im eher kleinstädtisch-ländlichen Bereich. Bei einem Wechsel aus der Provinz nach Frankfurt waren Statuseinbußen (nicht aber Gehaltseinbußen) die Regel. Man ging jedoch seitens der Geschäftsleitung davon aus, daß der in die Großstadt strebende Mitarbeiter »in Anbetracht der Chancen, die der Frankfurter Platz bietet, hierauf keinen entscheidenden Wert legen wird.«

Und auch folgende Episode gehört zur Personalgeschichte der Filiale: Der Winter 1928/29 war äußerst hart, Temperaturen von minus 20 Grad Celsius waren selbst im ansonsten eher milden Frankfurt an der Tagesordnung. Eine Mitarbeiterin schreibt später in ihren Erinnerungen: »Ein Drittel der Angestellten war an Grippe erkrankt. In der Kontokorrent-Abteilung, der Korrespondenzabteilung und der Auskunftei wurde morgens, mittags und nachmittags Schnaps ausgeschenkt nach dem bekannten Motto: Schnaps ist gut für die Cholera.«

Die Entwicklung des städtischen Umfelds

Frankfurt am Main hatte sich zu Beginn des 20. Jahrhunderts mit den politischen Verhältnissen arrangiert. »Nach einer kurzen Periode der Resignation [war] die Maxime erkennbar, sich planvoll um geeignete Entwicklungsperspektiven für das städtische Gemeinwesen zu bemühen« (Wilfried Forstmann). Die rasante wirtschaftliche Entwicklung der Stadt spiegelt sich in den Persönlichkeiten ihrer Oberbürgermeister bis zum Ersten Weltkrieg wider. Daniel Heinrich Mumm von Schwarzenstein (1868–1880), erstes Stadtoberhaupt nach der preußischen Annexion, stammte noch aus der altfrankfurter Tradition. Prinzipientreu, aber im Umgang mit den politischen Gremien der Stadt eher unflexibel.

Sein Nachfolger im Amt, Johannes von Miquel (1880–1890), war genau das Gegenteil: ein erfahrener Kommunal- und Landespolitiker, zu strategischen Kompromissen bereit, um das Wesentliche zu erreichen. Vor allem konsolidierte er erfolgreich den städtischen Haushalt. Prompt fiel er die Karriereleiter hinauf und verließ, zum preußischen Finanzminister berufen, 1890

Johannes von Miquel, Geschäftsinhaber der Disconto-Gesellschaft von 1869 – 1873, Frankfurter Oberbürgermeister von 1880 – 1890

Frankfurt in Richtung Berlin. Wenig bekannt ist, daß Miquel von 1869 bis 1873 Geschäftsinhaber der Disconto-Gesellschaft war, mit der die Deutsche Bank 1929 fusionierte.

Seine Bedeutung für die Disconto-Gesellschaft lag dabei weniger in seiner beratenden Tätigkeit als Justitiar, sondern vielmehr in der Unterstützung, die er als politischer Interessenvertreter im Preußischen Abgeordnetenhaus, bzw. ab 1871 auch im Deutschen Reichstag, den Beteiligungs- und Investitionsplänen der Disconto-Gesellschaft in den Parlamenten zuteil werden lassen konnte. Besonders galt dies für den Bau deutscher Eisenbahnlinien und der Gotthardbahn sowie für die Gründung der Preußischen-Central-Bodencredit-Aktiengesellschaft, einer Wurzel der heutigen Eurohypo. Die Verbindung finanzieller und parlamentarischer Tätigkeit mußte für Miquel jedoch unvermeidlich zu einer problematischen Verquickung beider Bereiche führen, so daß er sich 1873 aus dem aktiven Bankgeschäft zurückzog und nur noch den Vorsitz im Verwaltungsrat übernahm, den er 1876 niederlegte.

Auf Miquel, der ein wohlbestelltes Haus hinterließ, folgte Franz Adickes (1890–1912), zuvor Bürgermeister von Altona, dessen lange Amtszeit zu Recht als Ära bezeichnet wird. Unter ihm vollzog sich tatsächlich die Transformation Frankfurts von der alten Handelsstadt zur modernen Wirtschafts- und Industriemetropole. Sein Stadtentwicklungssystem, das sich nicht nur durch umfangreiche Eingemeindungen, sondern auch durch eine vorausschauende und mit einer starken sozialen Komponente versehenen Wohnungsbaupolitik auszeichnete, sorgte dafür, daß sich Frankfurt zu Beginn des 20. Jahrhunderts als dynamischer Wachstumsstandort präsentierte. Adickes verfügte über einen ungebrochenen Fortschrittsglauben. »Mit Franz Adickes kommt die neue Zeit«, resümierte sein späterer Nachfolger Ludwig Landmann dessen Bedeutung für Frankfurt. Den Rang der Stadt als Wirtschaftsmetropole festigte Adickes durch die Veranstaltung bedeutender innovativer Ausstellungen, zum Beispiel für Elektrotechnik 1891, für Automobile 1900 und für Luftfahrt 1909, also genau jenen Zukunftstechnologien, in die

die Deutsche Bank auf zentraler und lokaler Ebene investierte. Die Gründung der Frankfurter Universität als reine Stiftungsuniversität ohne staatliche Zuschüsse gehört ebenfalls zu den wichtigen Investitionen in die Zukunft, die untrennbar mit dem Namen von Franz Adickes verbunden sind und Frankfurt als Wissenschaftsstandort etablierten. In ihr wurden alle bisherigen privaten Forschungseinrichtungen zusammengefaßt. Ihre Eröffnung im Oktober 1914 fiel dann allerdings schon in die von Erstem Weltkrieg und Inflation überschattete Amtszeit seines Nachfolgers Georg Voigt.

Aufbau von Depositenkassen (Stadtzweigstellen) und Filialbezirk

Bis zum Ersten Weltkrieg eröffnete die Deutsche Bank im Stadtgebiet eine Reihe von Depositenkassen (1959 offiziell in Zweigstellen umbenannt). Diese Erweiterung der Geschäftslokale war durch das rasante Wachstum Frankfurts, nicht zuletzt durch die zahlreichen Eingemeindungen bedingt, notwendig geworden. Im Gründungsjahr 1886 hatte Frankfurt 150000, 1910 schon 414000 Einwohner. Die Depositenkassen wurden in den Haupt-

Bezeichnung	**Anschrift**	**Eröffnung**
Hauptfiliale	Kirchnerstraße 3	1886
Depositenkasse A (Kaiserplatz)	Kaiserstraße 16	1908
Depositenkasse B (Opernplatz)	Goethestraße 37	1909
Depositenkasse C (Konstablerwache)	Große Friedberger Straße 6	1909
Depositenkasse D	Hohenzollernplatz 3	1909
Depositenkasse E	Oederweg 75	1910
Depositenkasse F (Bockenheim)	Leipziger Straße 1	1911

Depositenkasse B
(Goethestraße)

Depositenkasse L
(Hauptwache)

geschäftsstraßen der Innenstadt sowie an den wichtigen Ausfallachsen errichtet. Bis zum Ersten Weltkrieg entstanden sechs städtische Zweigstellen.

Die Depositenkassen, von denen in Berlin zur gleichen Zeit schon über 40 existierten, verfügten in der Regel über ein gegenüber der Hauptfiliale wesentlich schmaleres Angebot an Bankdienstleistungen. Zur Produktpalette der Zweigstellen zählten üblicherweise: die Annahme von Geldern zur Verzinsung auf kürzere und längere Zeit, der An- und Verkauf von Wertpapieren an allen Börsen des In- und Auslandes, die Gewährung von Darlehen gegen börsengängige Wertpapiere, die Entgegennahme von Zeichnungen auf Emissionen, die Annahme von Wertpapieren aller Art zur Verwaltung und Aufbewahrung (in der Hauptfiliale), die Einziehung sowie der An- und Verkauf von Wechseln und Schecks auf deutsche und ausländische Plätze, der An- und Verkauf von fremden Banknoten und Münzsorten, die Beschaffung von Reisekreditbriefen. Schon größere Schließfachanlagen existierten in den Zweigstellen nicht. Die Depositenkassen waren ein Produkt der werdenden Großstadt und ein typisches Merkmal der Großbanken. Die herkömmlichen Frankfurter Privatbankhäuser verfügten in der Regel über keine weiteren städtischen Dependancen neben ihrem Hauptsitz.

Gleichwohl sind die früheren Depositenkassen nur bedingt mit den heutigen Stadtzweigstellen zu vergleichen, nicht so sehr im Hinblick auf die Dienstleistungen als vielmehr auf die Kundenstruktur. Das sogenannte Mengengeschäft, der Kleinkredit für jedermann, diese Dinge existierten vor dem Zweiten Weltkrieg noch nicht bei der Deutschen Bank. Firmenkunden und vermögende Privatkunden prägten die Klientel der Hauptfilialen wie der Depositenkassen. Insgesamt beschäftigte die Filiale Frankfurt zu Beginn des Ersten Weltkriegs rund 200 Mitarbeiter.

Mit der Übernahme der Bergisch Märkischen Bank in Elberfeld im März 1914 hatte die Deutsche Bank erstmals eine Regionalbank mit Niederlassungsnetz erworben. Mit einem Schlag stieg die Zahl der Filialen von zwölf auf 50 an. Auch im Rhein-Main-Gebiet wurden in diesem Jahr neue Niederlassungen eröffnet: Darmstadt (2. Januar 1914), Offenbach (9. Juli 1914) und Hanau (12. August). Sie bildeten die Grundlage für die Entstehung des Frankfurter Filialbezirks.

Während es sich in Offenbach und Hanau um regelrechte Neugründungen handelte, wurde in Darmstadt das angesehene, 1816 entstandene Bankhaus Ferdinand Sander am Luisenplatz übernommen, das aus einem Wechselgeschäft hervorgegangen war. Als Hofbankiers betreuten die Sanders die Effektentransaktionen des Großherzogs von Hessen-Darmstadt und dessen weitverzweigter Verwandtschaft. Der letzte Inhaber, Hofrat Paul Sander, wurde der erste Direktor der Deutschen Bank Filiale Darmstadt, die er bis zu seiner Pensionierung 1924 leitete. Ihm zur Seite stand in der ersten Zeit Ferdinand Bausback, der später für einige Jahre als Generaldirektor der UFA fungierte.

Bereits 1902 hatte in Wiesbaden eine Depositenkasse der Deutschen Bank ihre Geschäftstätigkeit aufgenommen; diese unterstand jedoch bis 1920 direkt der Berliner Zentrale. Ihr erster Leiter war der spätere Frankfurter Filialdirektor Hermann Witscher. Wiesbaden war vor allem im Hinblick auf das Geschäft mit vermögenden Privatkunden ein denkbar geeigneter Ort. Die Hauptstadt des preußischen Regierungsbezirks Hessen-Nassau war ein beliebter Ruhesitz von Offizieren, höheren Beamten und Rentiers, die von ihren Pensionen beziehungsweise den Zinsen ihrer Vermögen lebten, und zählte zu den reichsten Städten in Deutschland. Da in den ersten Jahren der Geschäftstätigkeit alle Mitarbeiter, mit Ausnahme eines Kassenboten, unverheiratet waren, erhielt die Wiesbadener Niederlassung den Spitznamen »Jungfernkasse«.

Deutsche Bank Filiale Darmstadt

Deutsche Bank Filiale Wiesbaden

Die im Dezember 1919 eröffnete Filiale Mainz wurde ebenfalls dem Frankfurter Bezirk zugeordnet. 1921 gliederte die Filiale Frankfurt Teile des Geschäfts und des Filialnetzes der Pfälzischen Bank ein, die aufgrund von Devisenspekulationen in Zahlungsschwierigkeiten geraten war. Nur durch das sofortige Eingreifen der Rheinischen Creditbank und der Deutschen Bank konnte ein Zusammenbruch der Bank mit unabsehbaren Folgen für die Wirtschaft Süddeutschlands verhindert werden. Die Liquidation der Pfälzischen Bank wurde in der Weise durchgeführt, daß ihre Zweigstellen im Rhein-Main-Gebiet und in Bayern von der Deutschen Bank, alle übrigen Niederlassungen von der Rheinischen Creditbank übernommen wurden. Vor dem Zweiten Weltkrieg gehörten zum Frankfurter bzw. Hessischen Bezirk neben den bereits genannten die Niederlassungen in Bad Wildungen, Bensheim, Bingen, Dillenburg, Fulda, Gießen, Hersfeld, Höchst, Kassel, Marburg und Rüsselsheim. In Bad Homburg und Bad Nauheim hatten 1919 ebenfalls Filialen eröffnet, die jedoch bereits nach wenigen Jahren ihre Geschäftstätigkeit wieder einstellen mußten, ebenso wie die von der Pfälzischen Bank übernommenen Niederlassungen in Groß-Gerau, Oberursel, Oestrich-Winkel und Rüdesheim.

Zu Beginn des Ersten Weltkriegs existierte also im Rhein-Main-Gebiet bereits eine aus mehreren Niederlassungen bestehende Präsenz der Deutschen Bank; das einzige sozusagen organisch und nicht durch die Übernahme einer Filialbank entstandene Niederlassungsnetz. Der Frankfurter Raum kann somit als einer der Kernbezirke der Deutschen Bank im inländischen Geschäft bezeichnet werden.

4. Krisenzeiten und neue Impulse: Die Entwicklung von 1914 bis 1929

Der Wirtschaftsstandort Frankfurt

Der Ausbau der Geschäftstätigkeit der Filiale Frankfurt wurde durch den Ersten Weltkrieg erheblich beeinträchtigt. Die gesamte Kreditwirtschaft war bestrebt, die zurückgehende Kreditnachfrage und die rückläufigen Umsätze durch die Übernahme von Anleihen und verzinslichen Schatzanweisungen des Deutschen Reiches und der Bundesstaaten zu kompensieren. Die Zeichnerlisten bei der Filiale Frankfurt für die neun Kriegsanleihen des Deutschen Reichs zeigen, daß bis zur achten Anleihe (März/April 1918) das Publikumsinteresse, sei es aus Zuversicht hinsichtlich des weiteres Kriegsverlaufs oder mangels anderer Anlagemöglichkeiten, noch recht groß war. Erst bei der neunten Kriegsanleihe, die im September 1918 aufgelegt wurde, brach die Zahl der Zeichner ein.

Im April 1918 kam es zwischen Oberbürgermeister Georg Voigt und Deutsche Bank-Direktor von Heyden sowie den Vertretern anderer Bankhäuser zu Unterredungen hinsichtlich der Gründung einer Frankfurter Industriebank. Die Stadt hoffte, in einer gemeinsamen Initiative mit den hiesigen Kreditinstituten,

Aufruf der Filiale Frankfurt zur Zeichnung der 8. Kriegsanleihe 1918

die Frankfurter Industrie durch die Errichtung eines Spezialinstituts zu beleben. Das Kriegsende verhinderte weitere Planungen hinsichtlich dieses Projekts.

Frankfurt hatte im Ersten Weltkrieg, von einigen aus Luftschiffen abgeworfenen Bomben abgesehen, keine äußerlichen Schäden am Stadtbild davongetragen, doch hemmten die Krisen- und Inflationsjahre 1919 bis 1923 eine kontinuierliche wirtschaftliche Fortentwicklung. Erschwerend kam hinzu, daß sich die Stadt als Folge des Versailler Vertrags in der entmilitarisierten Zone befand und die 1928 eingemeindeten westlichen Vororte, vor allem der Industriestandort Höchst, bis 1930 sogar unter französischer Militärbesatzung standen. Gleichwohl stieß die erste internationale Messe, die Frankfurt nach dem Ersten

Weltkrieg im Oktober 1919 ausrichtete, bereits auf große Resonanz bei in- und ausländischen Ausstellern.

Die Inflation führte in den Jahren 1922 bis 1924 vor allem im Kreditgewerbe zu einer hohen Fluktuation bei den Beschäftigten. Zunächst kam es zu massenhaften Einstellungen, gerade von Aushilfskräften, die dann nach der Währungsstabilisierung (Einführung der Renten- bzw. Reichsmark) ebenso schnell wieder abgebaut wurden.

Mit der Währungsstabilisierung nach Einführung der Rentenmark Mitte November 1923 konnten auch in Frankfurt wieder langfristigere Perspektiven für die Belebung der Wirtschaft entwickelt werden. Im Oktober 1924 trat Ludwig Landmann das Amt des Frankfurter Oberbürgermeisters an. In seiner bis 1933 währenden Ära wurden wirtschaftspolitische Weichenstellungen vollzogen, von denen Frankfurt auch nach 1945 profitieren sollte. Landmann hat »wie nur einer seiner Vorgänger

Andrang im Hauptkassensaal der Filiale am Kaiserplatz während der Hyperinflation 1923

[Adickes] und keiner seiner Nachfolger im Amt Frankfurts Stadtentwicklung mit visionärer Kraft und einem erstaunlichen Gespür für technisch-wirtschaftliche Möglichkeiten vorausgeplant und durch Grundsatzentscheidungen vorangetrieben. Ihm verdankt es die Stadt, daß sie zu einem zentralen Knotenpunkt der weltumspannenden Verkehrssysteme aufrückte, daß sie als Bank- und Handelsplatz trotz widriger Bedingungen auch Industriestandort wurde, daß sie wirtschaftlich und kulturell auf eigenen Fundamenten weiterbauen konnte und, ganz ohne staatliche Funktionen, den Charakter einer internationalen Metropole gewann« (Dieter Rebentisch). Die beiden bekanntesten verkehrspolitischen Maßnahmen waren sicherlich der am 6. November 1926 gegründete Verein HAFRABA, zur Vorbereitung der kreuzungsfreien Autostraße Hamburg–Frankfurt–Basel, sowie die Eröffnung des Zivilflughafens am Rebstock am 16. August 1926.

Ersteres Ereignis markiert praktisch die Geburtsstunde der deutschen Autobahn, mit deren Bau als »Reichsautobahn« dann tatsächlich im September 1933 in Frankfurt begonnen wurde. Die Einrichtung des Flughafens am Rebstock, der 1936 an seinen heutigen Standort im Stadtwald verlegt wurde, steht am Beginn der Entwicklung Frankfurts zu einer wesentlichen Drehscheibe des internationalen Flugverkehrs.

Auch im modernen Siedlungsbau setzte Frankfurt unter Stadtbaurat Ernst May international Maßstäbe. Die sogenannten May-Siedlungen, vor allem die Römerstadt in Frankfurt-Praunheim, fehlen bis heute in kaum einer Architekturgeschichte des 20. Jahrhunderts.

Die Geschäftstätigkeit der Filiale

Frankfurt hatte sich im Verlauf der 1920er Jahre als fortschrittliche Metropole eine gute Position unter den Städten Südwestdeutschlands verschafft. Die Frankfurter Vertretung des größten deutschen Kreditinstituts mit ihren Direktoren Alfred von

Hermann Witscher,
Filialdirektor von 1920 – 1932

Eduard Rothschild, Filialdirektor von 1923 – 1937

Heyden (1912–1926), Hermann Witscher (1920–1932) und Eduard Rothschild (1923–1937) war natürlich bestrebt, die bestehenden Firmenverbindungen zu festigen und neue Industriekunden zu gewinnen.

Zu den wichtigen Firmenverbindungen der Zwischenkriegszeit zählten u. a. die Degussa, der Verein für chemische Industrie (1931 fusioniert mit der Degussa), die Maschinenfabrik Moenus, die Frankfurter Maschinenbau AG vormals Pokorny und Wittekind, die Vereinigten Deutschen Metallwerke in Heddernheim, das Bauunternehmen Wayss & Freytag, die Liga-Gummiwerke, die Peters-Union (ebenfalls gummiverarbeitendes Gewerbe), die Prometheus AG für elektrische Heizeinrichtungen und die Feist-Sektkellerei. Bereits bestehende Verbindungen der Vorkriegszeit, etwa zu den Adlerwerken und Voigt & Haeffner, wurden fortgeführt. Auch im weiteren regionalen Umfeld engagierte sich die Frankfurter Niederlassung bei größeren Industriebetrieben, so der Zellstoffabrik Waldhof (Mannheim), den Buderuswerken Wetzlar oder der Schuhfabrik Gebr. Fahr in Pirmasens. Enge Verbindungen bestanden auch zur Frankfurter Bank und zur 1929 zusammengebrochenen Frankfurter Allgemeinen Versicherungs AG.

In vielen Fällen begleitete die Frankfurter Filiale den Börsengang von Industrieunternehmen. Im Lauf der Zeit hatte sich ein nicht unbeträchtlicher Beteiligungsbesitz angesammelt, was seitens der Berliner Zentrale ungern gesehen wurde. Wie schon knapp 20 Jahre zuvor sah sich die Konzernleitung genötigt, dem Gestaltungsspielraum einer ihrer wichtigsten Filialen engere Grenzen zu setzen. Im September 1926 wandte sich die Oberbuchhalterei in Berlin daher mit deutlichen Worten an Direktor Rothschild: »Bei der Durchsicht Ihrer monatlichen Nachweise stoßen wir immer wieder auf Bestände, von deren Vorhandensein wir erst durch diese Nachweise Kenntnis erhalten. [...] Wie Sie wissen, legen wir Wert darauf, daß unsere Filialen, abgesehen von besonderen Fällen, sich nur in bescheidenem Maße in Effekten und Beteiligungen engagieren und sich möglichst auf die im Effektenhandel unvermeidlichen kleinen Operationsbestände beschränken. In Ihrem Nachweis per ultimo August führen Sie u.a. an: M 86850,– Ufa-Aktien, M 150040,– Prometheus Aktien, M 211000,– Gebr. Fahr Aktien, M 48000,–, M 118790,– Voigt & Haeffner Aktien, M 61000,– dto. Vorzugsaktien. Der Kauf von Ufa-Aktien ist ein rein spekulatives Geschäft, das aus dem Rahmen der selbständig tätigen Geschäfte der Filiale herausfällt. Es findet unsere Billigung aber auch aus dem Grunde nicht, weil die nicht immer leichte Kursregulierung in diesem Papier in Berlin stattfindet [...] Der Bestand an Prometheus Aktien hat eine ständige Vermehrung erfahren und beinahe den Charakter einer dauernden Beteiligung angenommen. Am 31. 12. 24 besaßen Sie M 64000,-, am 31. 12. 25 M. 105000,-, am 30. 6. 26 M 150000,-, so daß Sie jetzt 1/6 des gesamten Aktienkapitals in Händen haben, was uns im höchsten Grade unerwünscht ist. Das Gleiche gilt von Gebr. Fahr Aktien, die Sie zum Teil auch schon aus 1924 übernommen haben. Wir können uns unmöglich mit derartigen Beständen auf so lange Zeit belasten [...] Wir wünschen nicht, durch eigenmächtige Abschlüsse unserer Filialen vor Überraschungen gestellt zu werden, die uns unter Umständen unerwünschte Risiken auferlegen und die möglicherweise auch unsere Bilanzziffern in einer uns nicht genehmen Weise beeinflussen. Das Gleiche trifft auch bei Effektengeschäften zu, die außerhalb des Rahmens des regulären Geschäfts liegen.«

Berlin verlangte nun eine genaue Aufstellung über alle Effektengeschäfte und schwebenden Konsortialbeteiligungen. Die Filiale kam dieser Aufforderung umgehend nach und bemühte sich gleichzeitig, den Verdacht auszuräumen, an Berlin vorbei spekulative Transaktionen getätigt zu haben: »Im übrigen nehmen wir an, daß Ihnen die [...] eingehenden Darstellungen unserer Konsortial-Konten den von Ihnen gewünschten Aufschluß geben, und daß Sie damit einverstanden sind, daß wir für die uns nahestehenden Gesellschaften auch weiterhin kursregulierend wirken, sei es allein, sei es in Gemeinschaft mit anderen, den betr. Gesellschaften nahestehenden Banken.«

Bankgebäude

Das erste Gebäude in der Kirchnerstraße, das die Deutsche Bank 1886 vom Frankfurter Bankverein übernommen hatte, war für die gewachsenen Bedürfnisse des Geschäftsbetriebs mit seinen Fachabteilungen bald zu klein geworden. Schritt für Schritt dehnte sich das Areal der Deutschen Bank nun am Kaiserplatz aus, am dem sich auch der Zugang zur Kassenhalle befand. Nach dem Ersten Weltkrieg konnte ein an den Komplex anschließendes Grundstück erworben werden, das 1923/24 mit einem Geschäftsgebäude bebaut wurde, dem heute noch bestehenden Haus Kaiserstraße 24.

Das von dem Architekten W. Plate entworfene Gebäude nahm die neue Kundenhalle sowie die neugeschaffene Privatkundenabteilung und die Direktionsräume auf und beherbergte weiterhin einen durch den Maler Waldemar Coste mit ungewöhnlichen Wand- und Deckenfresken ausgestatteten Sitzungssaal. Außerdem war in den Kellerräumen die neue Stahlkammer der Filiale eingerichtet worden. So nahm die Filiale Frankfurt ab Mitte der 1920er Jahre die gesamte Nordseite des Kaiserplatzes

Gebäudekomplex der Filiale Frankfurt am Kaiserplatz um 1914

Neubau Kaiserstraße 24 nach der Fertigstellung 1924

ein. Trotz des Neubaus Kaiserstraße 24 konnte allerdings kein so einheitliches Erscheinungsbild erreicht werden wie etwa bei dem Gebäude der konkurrierenden Disconto-Gesellschaft am nahegelegenen Roßmarkt. Nach der Fusion mit der Disconto-Gesellschaft 1929 wurden die Liegenschaften teilweise noch weiter genutzt, teilweise aber auch vermietet oder verkauft. Das gesamte Ensemble überstand den Zweiten Weltkrieg mit vergleichsweise geringen Schäden. Während jedoch der Neubau Kaiserstraße 24, heute unter anderem vom Bankhaus Hauck & Aufhäuser genutzt, und auch die beiden östlich angrenzenden Häuser erhalten blieben, wurde das beschädigte Haus Kirchnerstraße 3, die Keimzelle der Filiale Frankfurt, sowie der anschließende Trakt zum Kaiserplatz mit der alten Kassenhalle in den 1960er Jahren abgerissen. Der Standort ist heute zum Teil vom Hochhaus der Commerzbank überbaut.

Kaiserstraße 24, Sitzungssaal mit Fresken von Waldemar Coste 1924

5. Die Fusion der Deutschen Bank mit der Disconto-Gesellschaft

Höhepunkt der Konzentration im deutschen Bankwesen

Am 29. Oktober 1929 wurde auf den Generalversammlungen der Deutschen Bank und der Disconto-Gesellschaft in Berlin die Verschmelzung beider Institute genehmigt. Damit wurde der Weg frei für die bis heute größte Fusion in der Geschichte des deutschen Bankwesens. Bereits im Sommer 1926 begannen die beiden führenden deutschen Kreditinstitute, die mehr als ein halbes Jahrhundert Hauptkonkurrenten gewesen waren, diskrete Sondierungen über eine Verschmelzung. Die Initiative ging von der Deutschen Bank aus, deren vorherige Verhandlungen mit der Danatbank, Berlin, gescheitert waren. Zunächst blieben die Gespräche jedoch ergebnislos. Fortschritte wurden erst erzielt, als sich die Deutsche Bank nach anderen Fusionspartnern umzusehen begann. Vor allem die Dresdner Bank war im Gespräch. Bei einem erneuten Treffen im Sommer 1929 zwischen den beiden Vorstandsmitgliedern Oscar Schlitter von der Deutschen Bank und Eduard Mosler von der Disconto-Gesellschaft begann der Plan Gestalt anzunehmen. In Berlin brachte Mosler die Gespräche mit dem Vorstandssprecher der Deutschen Bank, Oscar Wassermann, zum Abschluß. Mit eingebunden in die Fusion waren auch die mit den beiden Berliner Großbanken eng verbundenen Provinzbanken: Die Norddeutsche Bank in Hamburg, der A. Schaaffhausen'sche Bankverein in Köln und die Süddeutsche Disconto-Gesellschaft in Mannheim, die zum Konzern der Disconto-Gesellschaft gehörten, sowie die Rheinische Creditbank in Mannheim, die zum Deutsche Bank-Konzern zählte.

Nach dem Zusammenschluß vom 29. Oktober 1929 zur »Deutschen Bank und Disconto-Gesellschaft« war eine Bank geschaffen, die mit 800000 Konten und 289 Filialen nicht nur das mit Abstand größte Kreditinstitut Deutschlands war, sondern auch an die größten englischen und amerikanischen Banken Anschluß gefunden hatte. Den Ausschlag zum Zusammenschluß hatten vor allem Fragen der Rentabilität gegeben. Die nach dem Ersten Weltkrieg explodierenden Verwaltungskosten waren von beiden Banken trotz erheblicher Rationalisierungsanstrengungen nicht in den Griff zu bekommen. Durch die Zusammenlegung der weitverzweigten Filialnetze und der Berliner Hauptverwaltungen sollten die Verwaltungskosten der fusionierten Bank spürbar gesenkt werden. Erreicht werden sollten diese Einsparungen auch über einen Personalabbau. Von den rund 21000 Stellen der gemeinsamen Bank wurden rund 3000 zur Disposition gestellt.

Aus dem Vorstand der Deutschen Bank wurden alle sieben Mitglieder in das gemeinsame Führungsgremium übernommen, während von den acht Geschäftsinhabern der Disconto-Gesellschaft fünf in den Vorstand und drei in den Aufsichtsrat wechselten. Vorstandssprecher blieb Oscar Wassermann, den Aufsichtsratsvorsitz teilten sich Max Steinthal von der Deutschen Bank und Arthur Salomonsohn von der Disconto-Gesellschaft. Der Name »Deutsche Bank und Disconto-Gesellschaft« blieb freilich nur wenige Jahre in Gebrauch. Im Oktober 1937 verzichtete die Bank auf den umständlichen Doppelnamen und kehrte zur schlichten Bezeichnung »Deutsche Bank« zurück. Keinen Einfluß auf die Fusion hatten hingegen die schlechten Nachrichten, die wenige Tage vor den definitiven Beschlüssen von der Wallstreet kamen. Am 24. Oktober 1929, dem »schwarzen Freitag«, der ein Donnerstag war, brach die New Yorker Börse zusammen. Es sollte der Beginn der Weltwirtschaftskrise werden, in deren weiteren Verlauf die deutschen Banken in ihre tiefste Krise gestürzt wurden. Die »Deutsche Bank und Disconto-Gesellschaft« überstand freilich diese Krise nicht zuletzt aufgrund der in der Fusion gewonnenen Stärke relativ unbeschadet.

Schon vor der Fusion hatte die beiden Banken beim Niedergang der Frankfurter Allgemeinen Versicherungs-AG (FAVAG) im Verlauf des Jahres 1929 Gelegenheit, Gemeinsamkeit zu praktizieren. Es war der bis dahin größte Zusammenbruch eines deutschen Versicherungsunternehmens und in gewisser Weise ein Menetekel für die bald hereinbrechende Weltwirtschaftskrise. Sowohl die Deutsche Bank als auch die Disconto-Gesellschaft waren im Aufsichtsrat der FAVAG vertreten. Der Sitz des Unternehmens befand sich in der Taunusanlage 18, heute in direkter Nachbarschaft der Doppeltürme der Deutschen Bank-Zentrale. Im Dezember 1928 informierte Deutsche Bank-Vorstand Paul Bonn, der seine Laufbahn in Frankfurt begonnen hatte, den Frankfurter Filialdirektor Eduard Rothschild darüber, daß Georg Solmssen, Geschäftsinhaber der Disconto-Gesellschaft, im privaten Kreis schwere Bedenken gegen die Garantien, die seine Bank für die FAVAG übernehmen sollte, geäußert habe. Bonn äußerte gegenüber Rothschild, der als Vertreter der Deutschen Bank im Aufsichtsrat der FAVAG saß, daß er die Bedenken teile. Tatsächlich waren die Bilanzen des Unternehmens über Jahre gefälscht worden, und drei FAVAG-Vorstände wanderten ins Gefängnis. Der Frankfurter Platz war zwar beizeiten gewarnt, der Zusammenbruch eines des führenden deutschen Versicherers mit Sitz in Frankfurt jedoch unaufhaltsam. Am Ende übernahmen die Großbanken und die Reichsbank die Verbindlichkeiten der FAVAG, und die Allianz gliederte deren Nachfolgegesellschaft, die »Neue Frankfurter Versicherungs AG«, in ihren Konzern ein.

Das Frankfurter Erbe der Disconto-Gesellschaft

Auch die Disconto-Gesellschaft hatte sich ihre Präsenz in Frankfurt durch die Übernahme eines hiesigen, in Liquidation getretenen Bankhauses geschaffen. Allerdings handelte es sich hierbei, im Gegensatz zum Frankfurter Bankverein, um eine Institution von großer bankgeschichtlicher Bedeutung – das Frankfurter Stammhaus der Rothschildbank. Lange Zeit hatte die Leitung der Disconto-Gesellschaft den Grundsatz vertreten, das deutsche Geschäft ohne Filialen führen zu können. Je mehr die Emissions-, Depositen- und kurzfristigen Kreditgeschäfte zunahmen, um so schwieriger wurde es, das filiallose Prinzip aufrechtzuerhalten. Dennoch hatte man bis zur Jahrhundertwende gezögert, ehe man sich entschloß, eigene Niederlassungen außerhalb Berlins zu gründen.

Nach dem Tod des letzten Frankfurter Rothschilds, Wilhelm Carl, war das Bankhaus M. A. von Rothschild & Söhne geschlossen worden. Zwischen der Disconto-Gesellschaft und den verschiedenen Häusern Rothschild hatten schon seit vielen Jahren enge Beziehungen bestanden. Unter ihrem letzten Chef gingen von dem Frankfurter Haus aber keine wesentlichen Impulse mehr aus. Das Bankhaus beschränkte sich auf risikolose Geschäfte. Hauptsächlich betätigte es sich als Auszahlungsstelle für Dividenden und Zinsen und verwaltete Depots von angestammten vermögenden Privatkunden. Wilhelm Carl von

M. A. von Rothschild & Söhne, Geschäftshaus Fahrgasse/Ecke Börnestraße (1813–1901)

Rothschild, ein sehr frommer und gesetzestreuer Jude, lebte zurückgezogen und widmete sich neben dem eher pflichtgemäß betriebenen Bankgeschäft intensiv religiösen Studien. Da er ohne Nachkommen blieb, war – aufgrund des Firmenstatuts, das nur direkte Nachfahren des Firmengründers Mayer Amschel als Leiter gestattete – mit seinem Tod das Ende des Frankfurter Hauses vorprogrammiert.

Im Zuge der Liquidation der Rothschildbank und der Überführung des Geschäfts auf die Disconto-Gesellschaft wurde bedauerlicherweise das bis in die Gründungszeit des Frankfurter Stammhauses zurückreichende Geschäftsarchiv von M. A. Rothschild & Söhne kassiert, das, laut zeitgenössischen Aussagen, fünf Eisenbahnwaggons gefüllt hätte. Der größte Teil der etwa 60 Mitarbeiter wurde von der Disconto-Gesellschaft übernommen, »und da ihr auch die Kundschaft der alten Privatbank treu blieb, so eröffnete sie ihre Tätigkeit unter einem günstigen

Gustaf Schlieper,
Direktor der Frankfurter Filiale der Disconto-Gesellschaft von 1908 – 1914

Stern und arbeitete mit dauerndem gutem Erfolg.« Einige der Rothschild-Mitarbeiter waren noch aktiv, als 1929 die Deutsche Bank mit der Disconto-Gesellschaft fusionierte.

Die Frankfurter Filiale, die am 1. August 1901 ihre Pforten öffnete, war zunächst an der Ecke Taunustor/Neue Mainzer Straße untergebracht.

Das alte Bankgebäude von M. A. Rothschild in der Fahrgasse/Ecke Börnestraße wurde von der Disconto-Gesellschaft nicht genutzt. Die Leitung der Filiale hatte zunächst Otto Ulrich übernommen, ihm folgte 1908 Gustaf Schlieper, der sechs Jahre später zum Geschäftsinhaber der Disconto-Gesellschaft aufstieg und nach der Fusion mit der Deutschen Bank bis zu seinem Tod 1937 dem Vorstand des vereinigten Instituts angehörte. Weitere Direktoren der Frankfurter Filialen waren Gustav Wiss (1911–1927), Gerhard Sachau (1925–1929) und Otto Hellmann (1927–1929).

1925 erschien an der wirtschaftswissenschaftlichen Fakultät der Frankfurter Universität eine Dissertation über »Die Organisation der Direction der Disconto-Gesellschaft Filiale Frankfurt am Main«. Bis ins kleinste Detail wurden die Aufgaben jeder Abteilung beleuchtet, angefangen bei der Direktion über Hauptkasse und Börsenbüro bis zu Registratur und Tresorverwaltung – eine zwar nüchterne, aber äußerst faktenreiche Quelle zur Organisation einer Großbankfiliale in den 1920er Jahren.

Die Filialleitung der Frankfurter Niederlassung der Disconto-Gesellschaft ähnelte derjenigen der Deutschen Bank bis ins Detail. Sie beschäftigte drei Volldirektoren und drei Abteilungsdirektoren. Der »erste Direktor« war zuständig für Kredite, Wechselverbindlichkeiten und das Konsortialgeschäft, die beiden anderen Direktoren für den Devisenverkehr, das Effekten- und Börsengeschäft sowie das Personalressort. »Eine vornehmliche Aufgabe der Direktion bildet der Empfang und die persönliche Fühlungnahme mit Leitern und Vertretern der mit der Bank arbeitenden Unternehmen und der Konsortialkunden.«

Die personelle Entwicklung der Frankfurter Filiale der Disconto-Gesellschaft verlief in etwa parallel zu derjenigen der Deutschen Bank. Zum Zeitpunkt der Fusion beschäftigte die Disconto-Gesellschaft rund 350 Mitarbeiter. Unter den Beamten der Frankfurter Filiale Disconto-Gesellschaft befand sich übrigens ein Mitarbeiter, der später jenseits des Bankgeschäfts zu Berühmtheit gelangte: Franz Völker, einer der führenden Wagnertenöre der 1930er und 1940er Jahre. 1917 trat er als Lehrling bei der Disconto-Gesellschaft ein. Er arbeitete zunächst in der Buchhaltung und Kuponkasse, später als Kassierer in einer Frankfurter Depositenkasse der Disconto-Gesellschaft und schließlich in gleicher Funktion bei der Hauptkasse am Roßmarkt. Ende August 1926 verließ der früh als Amateursänger aktive Völker die Disconto-Gesellschaft und debütierte noch im gleichen Jahr am Frankfurter Opernhaus. Seine bis 1952 dauernde Sängerkarriere führte ihn nach Wien, Berlin, München und vor allem nach Bayreuth.

Roßmarkt 18 – ein Gebäude für die Disconto-Gesellschaft und die Deutsche Bank

Das 1903/04 von der Disconto-Gesellschaft errichtete Gebäude Roßmarkt 18, in das die Deutsche Bank nach der Fusion 1929 einzog, ist diejenige Adresse, die heute in der Öffentlichkeit in erster Linie mit dem Frankfurter Geschäft der Deutschen Bank verbunden wird. Dem repräsentativen Bau kommt mit seiner Lage an einem zentralen innenstädtischen Platz eine besondere Bedeutung in der Frankfurter Geschichte der Disconto-Gesellschaft und ab 1929 der Deutschen Bank zu.

Schon bald nach der Eröffnung ihrer Frankfurter Filiale im Jahr 1901 begann für die Disconto-Gesellschaft die Suche nach einem geeigneten Quartier, da, wie die Geschäftsleitung beklagte, »die gegenwärtigen Räume bei der schnellen Ausdehnung, welche die Geschäfte genommen haben, nicht mehr ausreichen und welche hinsichtlich der Tresor-Anlagen in keiner

Neubau der Frankfurter Filiale der Disconto-Gesellschaft Roßmarkt 18 nach der Fertigstellung 1904

Weise unseren Wünschen entsprechen«. Nach langen Verhandlungen mit dem Frankfurter Magistrat erwarb die Disconto-Gesellschaft 1902 für 2 Millionen Mark das 1871 Quadratmeter große Karree zwischen Roßmarkt, Großer Gallusstraße, Junghofstraße und der heute mehr nicht existierenden Alten Schlesingergasse, welches nach ihrer Ansicht »das Beste ist, was wir überhaupt in Frankfurt bekommen können«.

Die alte Bebauung wurde daraufhin vollständig niedergelegt und an ihrer Stelle in den Jahren 1903/04 für weitere 1,6 Millionen Mark das heutige Bankgebäude nach einem Entwurf der Architekten Hermann Ritter und Eugen Rückgauer durch das Frankfurter Bauunternehmen Philipp Holzmann errichtet. Hermann Ritter galt als Spezialist für Verwaltungsgebäude. Auch bei Repräsentationsbauten der von der Deutschen Bank um diese Zeit finanzierten Bagdadbahn, etwa dem Bahnhof Haidar-Pascha in Istanbul, kam sein Talent zur Entfaltung.

Für die Gestaltung der Außenfassade, die mit hellem Sandstein aus Franken und Schlesien verkleidet wurde, und der Repräsentationsräume hatte man sich für die Formensprache des Spätbarock und des Frühklassizismus entschieden; »im Äußern wie im Innern in den zierlichen Formen Ludwigs XVI. gehalten», wie eine zeitgenössische Bauzeitung anmerkte. Der Schloßcharakter war unverkennbar, besonders im wohlproportionierten Treppenhaus, das sein Vorbild aus der Würzburger Residenz nicht leugnete.

Im Inneren gruppierten sich im Erdgeschoß um die große Schalterhalle die dazugehörigen Arbeitsräume und die nach der Junghofstraße gelegene Wechselstube. Zum Aufenthalt und zur Betreuung der Kundschaft war ein besonderer vom Haupttreppenhaus unmittelbar erreichbarer Raum vorgesehen, an den sich ein Herren- und ein Damenzimmer für die »Akkreditierten«

Treppenhaus im Roßmarkt 18

anschlossen. Vom Eingang Große Gallusstraße gelangte man durch den Kassenboten-Raum zu der den weitaus größten Teil dieses Flügels einnehmenden Kuponkasse. Die schon erwähnte Haupttreppe führte in den ersten Stock, wo zum Roßmarkt hin die Direktions- und Sitzungszimmer lagen: Die übrigen Räume waren Schreibstuben und sonstige Büros. Für deren Ausstattung galt von vornherein der Grundsatz, größtmögliche Schlichtheit walten zu lassen. Das zweite Obergeschoß war ursprünglich gar nicht zur eigenen Nutzung vorgesehen. Es wurde zunächst an eine Anwaltskanzlei und den Frankfurter Kasino-Klub vermietet. Das neue Haus war also deutlich auf Zuwachs gebaut, eine Konzeption, die sich auf lange Sicht auszahlen sollte.

Am 12. Dezember 1904 nahm die Frankfurter Filiale der Disconto-Gesellschaft den Geschäftsbetrieb im Neubau Roßmarkt 18 auf. Viertelseitige Anzeigen in den Frankfurter Zeitungen informierten die Kundschaft über das Dienstleistungsangebot des neuen Domizils. Dazu zählten damals: »Vermittlung aller bankgeschäftlichen Transaktionen, Aufbewahrung und Verwaltung von Effekten in unseren neuen großen Tresoranlagen, Annahme von geschlossenen und offenen Depots, Eröffnung von laufenden Rechnungen und provisionsweisen Scheckkonten, Annahme von Depositen-Geldern auf kürzere und längere Termine, An- und Verkauf von Wertpapieren an der hiesigen und allen auswärtigen Börsen, An- und Verkauf von Devisen und ausländischen Geldsorten, Versicherung von Wertpapieren gegen Verluste durch Auslosung und Kontrolle der Verlosung, Ausstellung von Schecks, Wechseln und Kreditbriefen auf alle bedeutende Plätze des In- und Auslandes, Einlösung von Kupons, ausgelosten Effekten und Dividendenscheinen, Beleihung börsengängiger Effekten.« Ganz besonders wurde auf »unsere nach den neuesten technischen Erfahrungen diebes- und feuersicher erbaute Stahlkammer, in welcher wir Fächer (Safes) in verschiedenen Größen unter eigenem Mitverschluß des Mieters vermieten« hingewiesen. Im Vorraum zur Stahlkammer standen den Mietern »verschließbare Kojen« zur Verfügung.

Das hundertjährige Bestehen des Gebäudes Roßmarkt 18 wurde Ende 2004 und Anfang 2005 mit Veranstaltungen für Kunden und Mitarbeiter festlich begangen.

Die Fusion und ihre Folgen

Nach der Fusion der Deutschen Bank mit der Disconto-Gesellschaft hieß es auch in Frankfurt zusammenzurücken. Zum Zeitpunkt der Fusion beschäftigte die Deutsche Bank in der Mainmetropole etwa 300, die Disconto-Gesellschaft rund 350 Mitarbeiter. In zahlreichen Rundschreiben der Zentrale stand immer wieder die Gebäudefrage im Vordergrund: »Damit wir in erster Linie die Raumfrage zu überprüfen in der Lage sind, bitten wir die Stellen an denjenigen Plätzen, an denen sich neben uns auch eine Niederlassung einer der anderen zu fusionierenden Banken befindet, uns (in zweifacher Ausfertigung) einen Stadtplan mit den eingezeichneten Stellen sowie eine Photographie unseres Gebäudes (es genügt eine Amateurphotographie) möglichst umgehend zukommen zu lassen. Gleichzeitig wollen Sie uns folgende Fragen (ebenfalls in doppelter Ausfertigung) beantworten: Welches Gebäude erscheint für den weiteren Geschäftsverkehr als das geeignetste? Welches Gebäude hat I. E. die beste Lage? Welches Gebäude wäre am günstigsten zu verkaufen? Für wieviel Personen steht in unserem Gebäude Raum zur Verfügung (bei normaler Besetzung)? Welche weiteren Gesichtspunkte sprechen bei der Auswahl des Gebäudes möglicherweise mit?«

Mit der Liegenschaft ihrer Hauptniederlassung in der Kirchnerstraße und am Kaiserplatz war die Deutsche Bank gegenüber der Disconto-Gesellschaft schon vom Raumvolumen her deutlich im Nachteil. Somit stand bald fest, daß der Frankfurter Sitz des vereinigten Instituts der Roßmarkt sein würde. In der Übergangszeit firmierten die beiden Standorte als »Abteilung Kaiserstraße« bzw. »Abteilung Roßmarkt«. Im April 1930 siedelten die Mitarbeiter der bisherigen Deutschen Bank in den Roßmarkt über.

Leicht war das »Zusammenleben« in der ersten Phase sicher nicht, zumal fusionsbedingt und vor dem Hintergrund der wirtschaftlichen Krisensituation viele Entlassungen anstanden. Eine Mitarbeiterin erinnerte sich 40 Jahre später: »Es waren zwei sehr rivalisierende Parteien. Die Angestellten der Deutschen Bank pochten auf ihr Recht, die der Disconto-Gesellschaft auf das ihre. Viele Angestellte bekamen Kündigungen ausgehändigt. Überall gab es sorgenvolle Gesichter. Aber auch die Bankleitung hatte sich Gedanken gemacht. Alle »Hansemänner« [der Gründer der Disconto-Gesellschaft war David Hansemann], die über 45 Jahre alt waren, wurden auf Wartegeld gesetzt bzw. pensioniert.« Geht man von einer Mitarbeiterzahl beider Institute von etwa 650 zum Zeitpunkt der Fusion aus, wurde dieser Personalstand vermutlich drastisch reduziert, stieg dann aber in den Jahren nach 1933 wieder an. Wie aus einer Personalaufstellung vom April 1938 hervorgeht, beschäftigte die Filiale Frankfurt zu diesem Zeitpunkt 487 Tarifangestellte; dazu kam noch eine Reihe von Aushilfen und Lehrlingen. Von der Personalstärke war Frankfurt damit nach Hamburg und vor Köln und

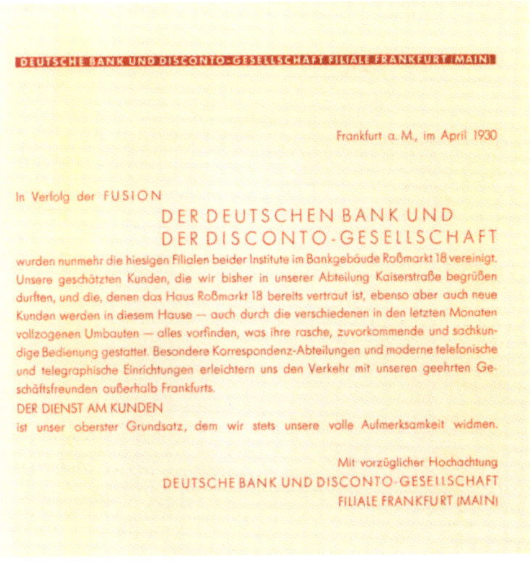

DEUTSCHE BANK UND DISCONTO-GESELLSCHAFT FILIALE FRANKFURT (MAIN)

Frankfurt a. M., im April 1930

In Verfolg der FUSION
DER DEUTSCHEN BANK UND
DER DISCONTO-GESELLSCHAFT
wurden nunmehr die hiesigen Filialen beider Institute im Bankgebäude Roßmarkt 18 vereinigt. Unsere geschätzten Kunden, die wir bisher in unserer Abteilung Kaiserstraße begrüßen durften, und die, denen das Haus Roßmarkt 18 bereits vertraut ist, ebenso aber auch neue Kunden werden in diesem Hause – auch durch die verschiedenen in den letzten Monaten vollzogenen Umbauten – alles vorfinden, was ihre rasche, zuvorkommende und sachkundige Bedienung gestattet. Besondere Korrespondenz-Abteilungen und moderne telefonische und telegraphische Einrichtungen erleichtern uns den Verkehr mit unseren geehrten Geschäftsfreunden außerhalb Frankfurts.
DER DIENST AM KUNDEN
ist unser oberster Grundsatz, dem wir stets unsere volle Aufmerksamkeit widmen.

Mit vorzüglicher Hochachtung
DEUTSCHE BANK UND DISCONTO-GESELLSCHAFT
FILIALE FRANKFURT (MAIN)

April 1930: Die Deutsche Bank zieht in den Roßmarkt

Mannheim die zweitgrößte Filiale der Deutschen Bank. Die Filialleitung wurde jedenfalls paritätisch besetzt: Die Deutsche Bank stellte die Direktoren Hermann Witscher und Eduard Rothschild, die Disconto-Gesellschaft Otto Hellmann und Gerhard Sachau.

Anläßlich der Verschmelzung der Frankfurter Filialen von Deutscher Bank und Disconto-Gesellschaft beziehungsweise dem Einzug der Deutsche Bank-Mitarbeiter bei den »Hansemännern« im Roßmarkt erschien im April 1930 eine bebilderte Gebäude- und Werbebroschüre, die den Kunden der beiden zusammengeführten Banken das Gebäude und seine Mitarbeiter vorstellte. Nach der Dissertation von 1925 war dies eine weitere Momentaufnahme des Geschäftsbetriebs im Roßmarkt, wenn auch wesentlich knapper gehalten und zu Werbezwecken veröffentlicht.

Zum Zeitpunkt der Fusion hatten sich in beiden Banken be-

Abteilung für Privatkundschaft 1930

Börsenbüro 1930

reits Spezialabteilungen entwickelt. Die seit 1924 bei der Deutschen Bank existierende Abteilung für Privatkundschaft trug der nach dem Ersten Weltkrieg stark gewachsenen Zahl nicht institutioneller Kunden Rechnung. Sie unterhielt »im Interesse schnellster Bedienung unserer privaten Kundschaft getrennte Schalter für die Hauptgeschäftszweige (Ein- und Auszahlungen, Wertpapiere und Zinsscheine, fremde Geldsorten, Akkreditierungen und Kreditbriefe, Sparbriefe und Sparkonten)«. Das Banksparbuch, für das breite Bevölkerungskreise gewonnen werden sollten, war damals eine Novität, die sich bei den Großbanken mit ihrer damals überwiegend vermögenden Privatkundschaft eher zögerlich durchsetzte.

Das Börsenbüro befaßte sich in der Diktion der oben erwähnten Werbebroschüre von 1930 »mit dem Handel in Wertpapieren aller Amt, nimmt Kauf- und Verkaufsaufträge für sämtliche Börsen des In- und Auslands sowie Zeichnungen auf

Aktien und Anleihen entgegen [...] Das Börsenbüro betrachtet es auch als seine Aufgabe, die Kundschaft über die Börsenlage und über hiesige und auswärtige Börsenwerte direkt bzw. durch die einzelnen Stellen unserer Bank zu informieren.«

»Das Devisenbüro ist, ebenso wie das Börsenbüro, mit den Errungenschaften moderner Büro-Technik ausgestattet, um schnelle und reibungslose Ausführung aller Orders zu gewährleisten. Direktes Kabel nach Berlin, direkte Querverbindungen zum Telegraphen-Amt, den wichtigsten hiesigen Banken und Maklern, Fernschreiber etc. ermöglichen die prompte Ausführung aller Aufträge für die Frankfurter und auswärtigen Börsen. Das Devisenbüro steht mit allen Börsenplätzen des In- und Auslandes in ständiger Verbindung.«

Schon während der Inflation war die Zahl der Depositenkassen kurzzeitig bei beiden Banken stark angewachsen. Auch nach der Fusion gab es zunächst elf Zweigstellen im Stadtgebiet, die jedoch in den nächsten Jahren auf sieben reduziert wurden.

Devisenbüro 1930

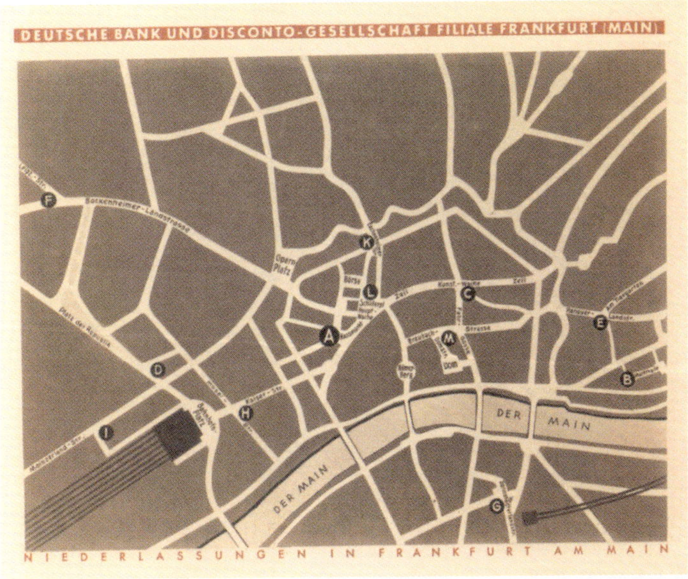

Das Frankfurter Niederlassungsnetz der Deutschen Bank und Disconto-Gesellschaft 1930

Im Zuge der großen Fusion wurde auch eine Reihe kleinerer Banken in das vereinigte Unternehmen integriert, in Frankfurt gehörte dazu das 1848 gegründete Bankhaus E. Ladenburg, das sich bis dahin nur wenige Schritte entfernt vom Roßmarkt in der Junghofstraße 14 befunden hatte. Firmengründer Emil Ladenburg war ein Enkel von Wolf Hayum Ladenburg, der in Mannheim aus einem Juwelen- und Geldwechselgeschäft 1785 das Bankhaus W. H. Ladenburg & Söhne entwickelt hatte. Es wurde 1905 in die Süddeutsche Disconto-Gesellschaft umgewandelt, die wiederum 1929 in der Deutschen Bank und Disconto-Gesellschaft aufging. Bei der Umgründung von 1905 hatte die Süddeutsche Disconto-Gesellschaft eine kommanditistische Beteiligung bei E. Ladenburg in Frankfurt übernommen. Das Bankhaus pflegte unter anderem enge Kontakte zur 1881 von Wilhelm Merton in Frankfurt gegründeten Metallgesell-

Bankhaus E. Ladenburg, Junghofstraße 14, vor 1930

schaft. Auch die Mitarbeiter von E. Ladenburg mußten 1930 im Roßmarkt ihren Platz finden, darunter der spätere Filialleiter Richard Ladenburg, Sohn des damaligen Geschäftsinhabers August Ladenburg. Unter dem übernommenen Personal von Ladenburg befand sich ein Prokurist der Börsenabteilung, der schon Ende 1930 aus gesundheitlichen Gründen mit 42 Jahren in Frühpension geschickt wurde. Er starb hundertachtjährig 1996 in New York – nach 66 Rentnerjahren.

6. Die Filiale Frankfurt im Dritten Reich

Folgen der Machtergreifung am Bankplatz Frankfurt

Frankfurt am Main genoß im Nationalsozialismus keine hervorgehobene Wertschätzung. Als Ort des ersten gesamtdeutschen Parlaments und Stadt mit reicher jüdischer Tradition war es den neuen Machthabern eher suspekt. Der Anteil jüdischer Bankhäuser an den Instituten der privaten Kreditwirtschaft war erheblich und prägte ihr »Image« als Bankenstadt. Seit 1924 hatte Frankfurt mit Ludwig Landmann einen Oberbürgermeister, dessen jüdische Herkunft schon vor der Machtergreifung Zielscheibe nationalsozialistischer Polemik gewesen war. Unmittelbar nach den Kommunalwahlen im März 1933 mußte er sein Amt aufgeben. An seine Stelle trat der Jurist und langjährige Anhänger der NSDAP Friedrich Krebs, der bis 1945 als Oberbürgermeister fungierte.

Daß Frankfurt zur Hauptstadt des neugeschaffenen Gaus Hessen-Nassau avancierte, war, angesichts eines zentralistisch ausgerichteten Führerstaats, kein echter Gewinn an politischer Bedeutung. Und die Verleihung des unpassenden Attributs »Stadt des deutschen Handwerks« im Jahre 1935 (in Anlehnung an ähnliche NS-Ehrentitel wie »Stadt der Bewegung« für München und »Stadt der Reichsparteitage« für Nürnberg) sollte, letztlich erfolglos, die Erinnerung an die Tradition Frankfurts als Banken-, Handels- und Messestadt verdrängen.

Die offiziell als Wohltat gepriesene Entfernung der Juden aus dem Frankfurter Wirtschaftsleben führte bei der Deutschen Bank und Disconto-Gesellschaft zu einem nicht unerheblichen Verlust im Bereich der Privat- und Firmenkunden. Die Frankfurter Filiale der Disconto-Gesellschaft war ja faktisch die Nachfolgerin der Rothschildbank gewesen. Selbst in den Protokollen des Vertrauensrats der Filiale Frankfurt – ein gleichgeschaltetes Gremium, das an die Stelle des Betriebsrats getreten war – findet sich das Eingeständnis, daß die Ausschaltung jüdischer Kunden Folgen hatte: »Besonders die Frankfurter Filiale, deren Kundschaft sich in recht beachtlichem Ausmaß aus jüdischen Kreisen zusammensetze, werde durch die Unsicherheit, die sich in der jüdischen Bevölkerung ausbreite (hinsichtlich der Ausführungsbestimmungen zu dem erlassenen Nürnberger Gesetz), besonders betroffen.« Die ständig sich verschärfenden Restriktionen gegen Juden, vor allem nach der sogenannten Reichskristallnacht, ließen gerade am Frankfurter Platz das Geschäft drastisch einbrechen und führten zu regelrechten Alarmrufen. So meldete im Dezember 1938 die Filialleitung nach Berlin: »[Wir] müssen mit dem relativ schnellen Abgang von 35 Millionen nichtarischer Depots und 15 Millionen nichtarischer Kreditoren (allein in Frankfurt/a. M.) = 16,5% unseres Geschäftsumfanges rechnen, wofür wir zurzeit keine Ausgleichsmöglichkeit sehen.«

Die Stimmung am Bankenstandort Frankfurt war insgesamt schlecht. Die Bankenkrise vom Juli 1931 hatte die in Frankfurt dominierenden Privatbankhäuser besonders hart getroffen. So

Das Frankfurter Bankenviertel Anfang der 1930er Jahre. Rechts oben der Roßmarkt mit dem Gebäudekomplex der Deutschen Bank und Disconto-Gesellschaft

wurden etwa die bis dahin noch zahlreich vertretenen jüdischen Häuser von einer doppelten Welle (Bankenkrise ab 1931, »Arisierung« ab 1933) erfaßt und gingen bis 1938 sämtlich unter – abgesehen von den unter »arischer« Leitung und anderem Namen weiterbestehenden Banken, wie etwa Kirchholtes & Co., ehemals Gebr. Sulzbach. Insgesamt verringerte sich die Zahl der in Frankfurt ansässigen Banken zwischen 1933 und 1939 von 182 auf 119. Während aber die Privatbanken und die Filialen der Großbanken geschwächt aus der Krise hervorgingen, expandierten andere Banktypen, vor allem Genossenschaftsbanken und Sparkassen. Daß für ihr Vermögen die jeweils zuständige Gebietskörperschaft haftete, ließ sie in der Wahrnehmung vieler Kunden sicherer als die Großbanken erscheinen – von denen eine, die Danat-Bank, deren Wurzeln auch auf die 1853 in Darmstadt gegründete Bank für Handel und Industrie zurückgingen, während der Krise komplett zusammenbrach. Dazu kam seit 1933 das ideologische Ressentiment der Nationalsozialisten nicht nur gegen jüdische Häuser, sondern generell gegen den Großbankensektor und die Börse.

Der Börsenstandort Frankfurt war durch den Abzug ausländischer Werte und die Schließung zahlreicher jüdischer Unternehmen überdurchschnittlich geschwächt. Im Juli 1933 bildeten die Vertreter der in Frankfurt ansässigen Großbanken einen Bankenausschuß zur Förderung der Frankfurter Börse, um eine Belebung des Wertpapierhandels zu erreichen. »Um die Einführung neuer Werte möglichst reizvoll zu gestalten, soll der Industrie- und Handelskammer der Antrag unterbreitet werden, die Einführungsgebühr [...] bis auf ein Viertel der normalen Gebühr zu ermäßigen.« Auch von der Deutschen Bank und Disconto-Gesellschaft wurde eine Reihe deutscher Industrieunternehmen und Banken angesprochen, ob sie ihre Aktien zukünftig auch in Frankfurt notieren würden. Das Echo war geteilt. Von den 19 angefragten Unternehmen erklärten sich schließlich sieben bereit, ihre Papiere ab Mitte 1935 ebenfalls an der Frankfurter Börse anzubieten (darunter die Aktien von BMW und der Gebrüder Stollwerck AG), in der Regel auf persönliche Intervention aus den Reihen des Vorstands und Aufsichtsrats.

Gleichzeitig wurde die Tätigkeit der Börsen mehr und mehr eingeschränkt. 1934 ging die Börsenaufsicht von den ehemaligen Ländern auf das Reich über, 1937 wurde der Handel mit ausländischen Werten eingestellt, seit Juni 1938 war Juden der Besuch von Börsenversammlungen untersagt. Nach Kriegsbeginn folgten Meldepflicht für Wertpapierkäufe, Kurs- und Dividendenstopps sowie eine erhebliche Reduzierung der Börsenzeiten. »Die Börse starb nach und nach. Ohne Kraft geatmet hat sie bis zum Ende des Krieges« (Bernd Baehring). Schon 1935 war die Mannheimer Börse in der Frankfurter Börse aufgegangen, die nun bis 1945 den wenig weltläufigen Titel Rhein-Mainische Börse führen mußte.

Betrieb und Personal

Für den inneren Betrieb der Frankfurter Filiale hatten die Jahre nach 1933 ebenfalls gravierende Folgen. Dies betraf vor allem die Betriebsorganisation und Zusammensetzung des Personals, weniger die Regelung der Arbeitsabläufe. Das Betriebsrätegesetz, das am Anfang der Entwicklung gesetzlicher Regelungen über Mitbestimmung und Betriebsrätewesen in Deutschland stand, war 1920 verabschiedet worden, und die betriebliche Mitbestimmung war somit auch in der Deutschen Bank und ihren Niederlassungen verankert. 1934 wurde das Betriebsrätegesetz durch das Gesetz zur Ordnung der nationalen Arbeit aufgehoben. Durch dieses Gesetz zog der Führergedanke in die Betriebe ein. Anstelle des Betriebsrats trat der in puncto Mitbestimmung bedeutungslose Vertrauensrat, der Vorsitzende des Betriebsrats wurde durch einen Betriebsobmann, der von der Deutschen Arbeitsfront (DAF) genehmigt sein mußte, ersetzt.

Schon bald nach der nationalsozialistischen Machtergreifung wurde seitens der Nationalsozialistischen Betriebszellen-Organsiation (NSBO) die Forderung erhoben, alle jüdischen und

Filialleitung (sitzend links Karl-Ernst Sippell) mit NSBO-Vertretern am 1. Mai 1933

»jüdisch versippten« Angestellten zu entlassen. Zunächst kam die Bank dieser Aufforderung nur zögernd nach. Nach Einführung der Nürnberger Rassengesetze wurden die Dienstverhältnisse aller nach NS-Definition »volljüdischen« Mitarbeiter bis Ende 1937 aufgelöst. »Jüdisch Versippte« oder »Halbjuden« wurden dagegen weiterbeschäftigt, jedoch meist in niedrigeren Verantwortungsstufen. Wie viele Mitarbeiter der Filiale Frankfurt damals genau entlassen wurden, ist nicht überliefert. Bei dem traditionell hohen jüdischen Bevölkerungsanteil in Frankfurt dürfte deren Zahl nicht unwesentlich gewesen sein. Im Protokoll der Vertrauensratssitzung vom 13. Dezember 1937 findet sich die lapidare Bemerkung: »Zum Schluß der Sitzung gab der Betriebsführer bekannt, daß nunmehr sämtliche Nichtarier ausgeschieden sind.« In vier Fällen ist bekannt, daß ehemalige Mitarbeiter der Filiale Frankfurt später deportiert und in Konzentrationslagern ermordet wurden. Der prominenteste Mitarbeiter, der die Deutsche Bank in Frankfurt aufgrund der NS-Rassenpolitik Ende 1937 verlassen mußte, war Filialdirektor Eduard Rothschild, der seit 1918 dort tätig gewesen war, die letzten vierzehn Jahre als Direktor. Nach seiner Entlassung emigrierte er in die USA.

Die letzten Pensionszahlungen für ehemalige jüdische Mitarbeiter wurden 1941 eingestellt. Während die meisten NSDAP-Mitglieder unter den Angestellten der Deutschen Bank Filiale Frankfurt, nach einer überschaubaren Zwangspause, ihre Tätigkeit nach ihrer Entnazifizierung fortgesetzt haben, war die Rückkehr jüdischer Mitarbeiter an ihren Arbeitsplatz nach 1945 eher eine Ausnahme. Immerhin konnte Richard Ladenburg – Sohn des ehemaligen Geschäftsinhabers des 1930 übernommenen Bankhauses E. Ladenburg, nach dem Krieg in die Geschäftsleitung der Filiale Frankfurt eintreten. Als »Halbjude« hatte er 1942 seine leitende Stellung aufgeben müssen und wurde im Januar 1945 zum Kriegsdienst bei der Organisation Todt abkommandiert.

Die durch die Entlassungen der jüdischen Mitarbeiter freigewordenen Stellen wurden teilweise mit »arischem« Personal aus liquidierten jüdischen Firmen ersetzt. Doch stand bei der Filiale Frankfurt wegen der schlechten Ertragslage in den Jahren 1935 bis 1937 ohnehin eher Personalabbau als Personalaufstockung auf der Tagesordnung. Dies kommt in einem Schreiben der Filialleitung an die Personalabteilung der Zentrale Berlin vom Herbst 1938 zum Ausdruck. Die Filiale Frankfurt war aufgefordert worden, Personal der Böhmischen Union-Bank zu beschäftigen, die die Deutsche Bank nach der Eingliederung des Sudetenlands übernommen hatte: »Wir [...] werden uns, Ihren Wünschen entsprechend, gerne bemühen, von den zu übernehmenden Gefolgschaftsmitgliedern der Böhmischen Union-Bank eine Anzahl unterzubringen. Dies wird aber nicht ganz leicht sein, da wir hier nicht in einer Industriegegend [sic!] sind. Darüber hinaus ist durch die Auflösung vieler nichtarischer Betriebe eine große Anzahl von arischen Arbeitskräften freigeworden, die untergebracht werden müssen, so daß dadurch Möglichkeiten, die wir sonst vielleicht gehabt hätten, entfallen. Wir benutzen diese Gelegenheit, Sie heute schon zu bitten, uns bei der Zuteilung von Personal unberücksichtigt zu lassen. Es ist Ihnen bekannt, daß wir an und für sich sehr zu kämpfen haben.«

Anspruch und Wirklichkeit der betrieblichen Situation klafften erheblich auseinander, denn etwa zur gleichen Zeit erhielt die Filiale Frankfurt, wie viele andere Firmen, das »Gaudiplom« als »nationalsozialistischer Musterbetrieb«, was einen offiziellen Besuch des Berliner Personalvorstands Karl Ritter von Halt in Frankfurt nach sich zog. Besonders die als unbefriedigend erachtete Gehältersituation – marginale Erhöhung der Bezüge, mangelnde Aufstiegsmöglichkeiten – führte immer wieder zu Demarchen bei der Zentrale: »Der Betriebsführer wandte sich nun an Herrn Direktor Abs und bat ihn, sich der Frankfurter Filiale besonders anzunehmen, da die unglückliche Lage hier dazu geführt habe, daß ein Vorwärtskommen der Gefolgschaft im letzten Jahrzehnt nicht möglich war und auch in kommenden Jahren nur möglich sein wird, wenn vom Vorstand aus der Frankfurter Filiale die nötige Unterstützung gegeben wird.« Seit seinem Eintritt in den Vorstand Anfang 1938 war Hermann Josef Abs für den Filialbezirk Frankfurt zuständig und somit bald mit den Gegebenheiten des Finanzplatzes Frankfurt eng vertraut, dessen Entwicklung er nach 1945 nicht unwesentlich prägen sollte. Daß er allerdings in dieser konkreten Situation den Mitarbeitern der Filiale zu einer Verbesserung ihrer Einkommen verhelfen konnte, ist kaum wahrscheinlich.

Auch in den Prozeß der »Arisierung«, der zwangsweisen Überführung von jüdischem Besitz in nichtjüdische Hände, war die Frankfurter Filiale eingebunden. Als Vermittler und Kreditgeber war die Deutsche Bank insgesamt bis Ende 1938 an mindestens 363 »Arisierungen« beteiligt. Aus Frankfurt ist allerdings die »Arisierung« eines größeren Unternehmens, unter Mitwirkung der Deutschen Bank, nicht bekannt. Zu den wenigen Frankfurter Fällen, an denen die Deutsche Bank nachweislich beteiligt war, gehört die »Arisierung« der jüdischen Schuhwarengroßhandlung J. & S. Nussbaum mit einem Ladengeschäft auf der Zeil, über deren geglückten Verkauf an einen Stuttgarter Privatier, der das Geschäft gemeinsam mit einem »arischen«

Angestellten des Betriebs unter der Firma »Bender & Frey« weiterführte, wie die Depositenkasse Konstablerwache im November 1938 berichtete. Von dem Wert der Warenbestände, geschätzt von einem staatlichen Gutachter, seien rund 20 Prozent in Abzug gebracht worden. Durchgeführt wurde diese Arisierung aber letztlich von der Dresdner Bank. Die Deutsche Bank wickelte die Tilgung der Steuerschuld eines der Nussbaum-Gesellschafter in Höhe von 24000 Reichsmark ab, die durch den Verkauf von Wertpapieren aufgebracht wurden.

Ebenfalls von 1938 datiert die Meldung über eine Kursregulierungsgemeinschaft, die die Deutsche Bank Filiale Frankfurt gemeinsam mit der Reichs-Kredit-Gesellschaft »infolge der Übernahme von ca. RM 2500000,– Moenus Aktien aus dem Besitz des Herrn Albert Ottenheimer im Zuge der Überführung jüdischen Besitzes in arische Hände« gebildet hatte. Konsortialführer bei diesem Geschäft war die Filiale Frankfurt mit einer Quote von 60 Prozent.

Aus den Kreditakten der Filiale Frankfurt wird auch deutlich, wie sehr jüdische Firmenkunden angesichts der staatlichen Boykottmaßnahen in den Ruin getrieben wurden, etwa im Fall der Holzgroßhandlung Julius Lilienstein, die seit vielen Jahren zu den Kreditkunden der Depositenkasse Konstablerwache gehörte. Schon im Juni 1933 teilte der Firmeninhaber der Zweigstelle mit, daß »inzwischen [...] über ihn in Verbindung mit dem Judenboykott ein Schicksalsschlag hereingebrochen [sei] wie nie zuvor. Seine Firma, die direkt und indirekt recht ansehnliche Umsätze mit der Stadt und Städtischen Behörden getätigt habe, sei plötzlich ausgeschaltet worden.« Eine bei der Deutschen Bank bestehende Grundschuld konnte die Firma wegen ihrer schlechten Ertragslage kaum noch bedienen. Die Frankfurter Filialleitung drängte ihre Zweigstelle mehrfach, mehr Druck auf Lilienstein auszuüben, »um der Ermässigung dieses Engagements ein schnelleres Tempo zu geben«, da es sich angesichts der politischen Verhältnisse natürlich mittlerweile um einen Risikokredit handelte. »Die Bilanz per 31. Dezember 1937 interessiert uns bei dieser nicht-arischen Firma ganz besonders.« Erst im Juli 1939 kam es zur Ablösung der Grundschuld, nachdem das Unternehmen vermutlich einen »arischen« Käufer gefunden hatte.

Die Filialleitung

Mit der Kontinuität in der Leitung der Frankfurter Filiale war es zum Zeitpunkt der Machtergreifung nicht zum besten bestellt. Von den vier Direktoren, die sich nach der Fusion mit der Disconto-Gesellschaft die Leitung geteilt hatten, war Anfang 1933 nur noch Eduard Rothschild im Amt. Als Betriebsführer – diese Position war seit Januar 1934 in allen Unternehmen vorgeschrieben – der Filiale kam er aufgrund seiner jüdischen Herkunft nicht in Frage. Karl-Ernst Sippell, ursprünglich im Chefkabinett der Disconto-Gesellschaft tätig, war 1932 in die Filialleitung eingetreten, wurde jedoch Mitte 1933 in den Vorstand der Bank berufen und ging zurück nach Berlin. An seine Stelle trat Friedrich Herbst, zuvor Filialleiter in Köln. Er fun-

Verabschiedung des stellvertretenden Direktors Heinrich Mehl im Juni 1934 (ganz rechts: Eduard Rothschild)

Robert Frowein, Filialdirektor von 1938 – 1943, Vorstandsmitglied der Deutschen Bank von 1943 – 1945 und 1957/58

gierte auch von 1934 – 1936 als Betriebsführer. Eduard Rothschild blieb zwar noch bis Ende 1937 Mitglied der Direktion, sein Name tauchte jedoch in der öffentlichen Kommunikation nicht mehr auf. Der Widerspruch zwischen offizieller Nichtexistenz und praktischer Weiterführung einer leitenden Funktion im beruflichen Alltag war offensichtlich. Bilder von der Abschiedsfeier des stellvertretenden Direktors Heinrich Mehl zeigen Rothschild im Juni 1934 – immerhin anderthalb Jahre nach der Machtergreifung – im Kreis seiner Direktorenkollegen beim geselligen Zusammensein in der Assmannshäuser »Krone«.

1936 wechselte Fritz Werner als Filialdirektor von Kassel nach Frankfurt. »Es war keine schöne Ära, sollten doch die roten Zahlen in den Bilanzen der Filiale verschwinden«, so resümierte eine Mitarbeiterin die unbefriedigende personelle und wirtschaftliche Situation Mitte der 1930er Jahre. 1938 kam Robert Frowein von Saarbrücken an den Main. Frowein sollte dem Standort Frankfurt länger erhalten bleiben, denn selbst als er 1943 in den Vorstand berufen wurde, blieb er auch für die

Frankfurter Filiale verantwortlich und siedelte erst im Februar 1945 nach Berlin über, wo er bei Kriegsende in russische Gefangenschaft geriet. Nach dem Krieg war er in Frankfurt führend in den Nachfolgeinstituten Hessische Bank und Süddeutsche Bank, seit 1957 auch wieder im Vorstand der Deutschen Bank tätig.

Krieg und Zerstörung

Im Oktober 1937 wurde die Deutsche Bank und Disconto-Gesellschaft in Deutsche Bank umbenannt. Zum zweiten Mal innerhalb von acht Jahren mußte der Schriftzug am Gesims des Roßmarkts geändert werden. Die Disconto-Gesellschaft, Erbauer des Gebäudes, war aus dem Firmennamen verschwunden. Die Erinnerung an dieses einst größte deutsche Kreditinstitut

Die Deutsche Bank Filiale Frankfurt im Jahre 1937; der Namensbestandteil Disconto-Gesellschaft ist entfallen. Der Roßmarkt wandelt sich zum Autoparkplatz.

verblaßte schnell; die Umwälzungen des nahenden Krieges sollten selbst den Namen Deutsche Bank für mehr als ein Jahrzehnt zur Disposition stellen.

Der Beginn des Zweiten Weltkriegs machte sich bei der Bank zunächst durch die vielen Einberufungen und einen – wie schon im Ersten Weltkrieg – dadurch bedingten erhöhten Frauenanteil unter den Mitarbeitern bemerkbar. Von den offiziell 511 Mitarbeitern der Filiale Frankfurt waren im Februar 1940 bereits 98, also fast ein Fünftel, zur Wehrmacht eingezogen. In das oberste Stockwerk des Roßmarkts waren schon vor Kriegsausbruch Dienststellen der Heeresstandortverwaltung eingezogen.

Im Januar 1940 wurden Personal und Geschäft der Deutschen Bank Filiale Saarbrücken zeitweilig nach Frankfurt verlagert. Bereits bei Kriegsbeginn hatte diese Filiale Anfang September 1939 evakuiert werden müssen, da sie sich innerhalb einer Sperrzone entlang der französischen Grenze befand, die komplett geräumt wurde. Das zunächst gewählte Ausweichquartier Kassel erwies sich als ungeeignet, denn viele Firmenkunden hatten im Rhein-Main-Gebiet Unterkunft gefunden. Nach Absprache mit der Berliner Zentrale und der Filiale Frankfurt wurden daher die Saarbrücker Abteilungen in drei Geschossen des alten Deutsche Bank-Gebäudes in der Kaiserstraße untergebracht. Nach dem Ende des sogenannten Westfeldzugs wurde die nach Frankfurt ausgewichene Filiale im Juli 1940 nach Saarbrücken zurückverlegt.

Die Ertragssituation der Filiale Frankfurt verbesserte sich in den Kriegsjahren erheblich, dem geschäftlichen Gestaltungsspielraum waren jedoch durch die dirigistische Kriegswirtschaft engste Grenzen gesetzt. Und so kommentierte Filialdirektor Frowein die Gewinnsteigerung des Filialbezirks Frankfurt von 1,24 Mio. RM über 1,88 Mio. RM im Jahr 1941 auf 2,59 Mio. RM im Jahr 1942 gegenüber seinem zuständigen Vorstand Hermann J. Abs mit den bitteren Worten: »Schade, daß eine reine Freude an den an sich so schönen Ziffern nicht aufkommen will.«

Das Filialgebäude
Roßmarkt 18
nach dem März 1944

Ausgebrannter Direktionsraum

Bis Anfang 1944 lief der Geschäftsbetrieb der Frankfurter Filiale noch vergleichsweise geregelt. Bei den nächtlichen Luftangriffen im März 1944, die nahezu die gesamte Frankfurter Alt- und Innenstadt vernichteten, erlitten dann aber auch die

Gebäude der Filiale Frankfurt schwerste Schäden. Am 22. März 1944 wurde der Roßmarkt 18 von mehreren Sprengbomben getroffen. Von der Innenausstattung blieb so gut wie nichts erhalten. Nur die Tresoranlage war unbeschädigt, und in ein paar leidlich intakten Erdgeschoßräumen konnte der Bankbetrieb notdürftig aufrechterhalten werden. Auch die Außenfassade war schwer in Mitleidenschaft gezogen und an der Schauseite zum Roßmarkt teilweise bis zum Sockelgeschoß eingestürzt. Der Schriftzug »Deutsche Bank« sollte erst 1957 wieder dort erscheinen.

Da der verheerende Luftangriff erst am späten Abend stattfand, waren keine Mitarbeiter mehr im Bankgebäude. Der Geschäftsbetrieb der Hauptfiliale wurde in dem kaum beschädigten Gebäude der Depositenkasse Kaiserstraße 24, dem Hauptsitz der Deutschen Bank vor 1929, weitergeführt. »Die Einrichtung wird voraussichtlich ohne Unterstützung von anderer Seite möglich sein, da Mobiliar in Reserve gehalten wurde und die Maschinen in den Kellern des Roßmarkts heil geblieben sind.« Schon zwei Tage nach dem Luftangriff, bei dem die Depositenkassen Hanauer Landstraße und Zeil völlig zerstört wurden, konnte der Betrieb in der Kaiserstraße notdürftig wieder aufgenommen werden. Viele Reparaturarbeiten wurden von den Mitarbeitern in Eigenleistung erbracht, das Baumaterial wurde von befreundeten Firmen – vor allem Philipp Holzmann – zur Verfügung gestellt. Doch auch in den Ausweichquartieren war das Tagesgeschäft durch die ständigen Luftangriffe zunehmend beeinträchtigt. Die Telegramme der Filiale Frankfurt an die Berliner Zentrale enthielten neben den eigenen Schadensmeldungen auch stets Hinweise auf Bombenschäden bei den wichtigsten Firmenkunden: »Die Industrie ist, soviel wir bis jetzt übersehen können, ebenfalls in Mitleidenschaft gezogen. Von unseren Kunden nennen wir nach vorläufigen Feststellungen Messer & Co., Hartmann & Braun, Flugzeugbau Gerner und Frankfurter Maschinen Bau AG.«

Mitte März 1945 hatte Robert Frowein Frankfurt noch einmal besucht und seinen Berliner Vorstandskollegen einen Lagebericht über die Situation der Filiale und in der Stadt allgemein übermittelt: »Die Filiale Frankfurt hat bei den letzten Angriffen erheblichen Schaden in ihrem Ausweichgebäude [Kaiserstraße 24] erlitten. Die Rückwand des Gebäudes wurde in ihrem unteren Teil weggerissen, sodass der Schalterraum frei liegt. Die oberen Etagen blieben merkwürdigerweise unversehrt, sodass dort weitergearbeitet werden kann. [...] Mit Hilfe von Holzmann (Herr Holzmann und Herr Arndt erkundigten sich nach dem Schicksal der Familie von Abs und baten ihn zu grüßen) wird der Schaden in kurzer Zeit so weit behoben sein, dass der Schalterraum wieder benutzt werden kann. Eine Unterbrechung des Betriebes ist nicht eingetreten. Im rhein-mainischen Gebiet merkt man das Heranrücken der Front sehr. [...] Das Gebiet wird dauernd von Tieffliegern überflogen. Zudem ist die Bevölkerung Frankfurts sehr in Unruhe, nachdem angeblich ein Aufruf Eisenhowers die Bevölkerung aufgefordert hat, Stadt und Vororte zu verlassen. Tatsächlich verlassen ganze Ströme ununterbrochen die Stadt und begeben sich meistens in die Dörfer im Taunus.«

Wenige Tage später war der Krieg im Rhein-Main-Gebiet beendet. Vom 27. bis 29. März 1945 wurde Frankfurt von amerikanischen Truppen besetzt. Nur während der unmittelbaren Einnahme der Stadt kam der Schalterbetrieb zum Erliegen. Doch schon am Dienstag nach Ostern (3. April 1945) öffnete die Bank wieder ihre Pforten für den – allerdings auf einige wenige Bankdienstleistungen beschränkten – Kundenverkehr. Der Aktionsradius war auch für eine Großbank klein geworden. Schon das nur wenige hundert Meter vom Roßmarkt entfernte Sachsenhausen war wegen der gesprengten Mainbrücken sehr schwer zu erreichen. Für die Überquerung des Mains per Boot oder über die notdürftig wiederhergestellte Wilhelmsbrücke benötigte man einen Passierschein der amerikanischen Besatzungsmacht.

Für die verbliebenen Mitarbeiter – so auch für Filialdirektor Walter Schmidt – ersetzte das Fahrrad die Straßenbahn oder den Dienstwagen: »Nachdem Herr Dr. Schmidt seine Geschäfte am

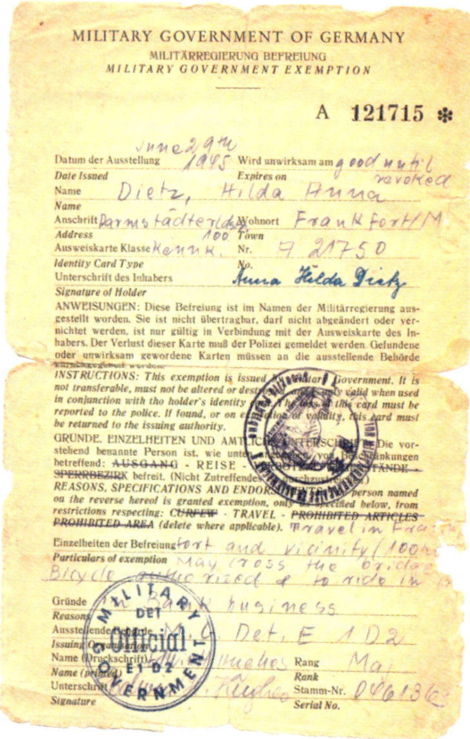

MILITARY GOVERNMENT OF GERMANY
MILITÄRREGIERUNG BEFREIUNG
MILITARY GOVERNMENT EXEMPTION

A 121715 ✻

Datum der Ausstellung June 29th 1945 Wird unwirksam am good until revoked
Date Issued *Expires on*
Name Dietz, Hilda Anna
Name
Anschrift Darmstädterlandstr. 100 Wohnort Frankfort/M
Address *Town*
Ausweiskarte Klasse Kennk. Nr. 9 21750
Identity Card Type *No.*
Unterschrift des Inhabers Anna Hilda Dietz
Signature of Holder

ANWEISUNGEN: Diese Befreiung ist im Namen der Militärregierung ausgestellt worden. Sie ist nicht übertragbar, darf nicht abgeändert oder vernichtet werden, ist nur gültig in Verbindung mit der Ausweiskarte des Inhabers. Der Verlust dieser Karte muß der Polizei gemeldet werden. Gefundene oder unwirksam gewordene Karten müssen an die ausstellende Behörde [illegible]

INSTRUCTIONS: This exemption is issued [illegible] Government. It is not transferable, must not be altered or dest[illegible] valid when used in conjunction with the holder's identity [illegible] card must be reported to the police. If found, or on e[illegible] validity, this card must be returned to the issuing authority.

GRÜNDE, EINZELHEITEN UND AMTLIC[illegible] Die vorstehend benannte Person ist, wie unte[illegible] Beschränkungen betreffend: ~~AUSGANG~~ - REISE - [illegible] ~~SPERRBEZIRK~~ befreit. (Nicht Zutreffendes [illegible])

REASONS, SPECIFICATIONS AND ENDORS[illegible] person named on the reverse hereof is granted exemption, only [illegible] specified below, from restrictions respecting: ~~CURFEW~~ - TRAVEL - ~~PROHIBITED ARTICLES~~ ~~PROHIBITED AREA~~ (delete where applicable). Travel in Frankfort and vicinity (100 [illegible]

Einzelheiten der Befreiung
Particulars of exemption May cross the bridge
Bicycle authorized & to ride in

Gründe [illegible] business
Reasons
Ausstellende Behörde M. G. Det. E 1 D 2
Issuing Organization
Name (Druckschrift) [illegible] Hughes Rang Maj
Name (printed) *Rank*
Unterschrift [illegible] Hughes Stamm-Nr. 0[illegible]613[illegible]
Signature *Serial No.*

Von der amerikanischen Militärregierung ausgestellter Passierschein für eine Mitarbeiterin der Filiale Frankfurt, der das Überqueren des Mains gestattet (Juni 1945)

nächsten Tag in der Wiesbadener Filiale abgewickelt und sich einen Ausweis beschafft hatte, fuhren wir mit seinem morgens überholten Fahrrad in Richtung Frankfurt los. Er hatte jedoch etwa 20 Jahre nicht mehr auf einem Fahrrad gesessen und so ging die Fahrt nicht gerade schnell vonstatten.«

Nicht nur in der Großstadt Frankfurt war der Bankverkehr schwer beeinträchtigt. Auch die übrigen Niederlassungen der Deutschen Bank im Hessischen Bezirk hatten teilweise erhebliche Schäden erlitten, so Darmstadt, Fulda, Kassel und Offenbach, andere hatten im Rahmen einer allgemeinen Schließungswelle ihre Geschäftstätigkeit eingestellt (Marburg 1942, Gießen und Hanau 1943). Die Wiesbadener Filiale hatte den Krieg zwar weitgehend unbeschädigt überstanden und fungierte bei Kriegsende als Verbindungsstelle für die südwestdeutschen Niederlassungen zur Zentrale, ihre Räume wurden aber im Juli 1945 von den Amerikanern beschlagnahmt und die Geschäfte mußten in einem Gebäude, das der Filiale von der Wiesbadener Bank zur Verfügung gestellt wurde, weitergeführt werden.

Bis zum Kriegsende waren 43 Mitarbeiter der Filiale Frankfurt gefallen oder durch Luftangriffe ums Leben gekommen, 19 galten als vermißt. Im gesamten Filialbereich verloren 95 Mitarbeiter ihr Leben.

7. Die Teilbankenzeit (1947–1957)

Weichenstellungen für den Finanzplatz Frankfurt

Der Ausgang des Zweiten Weltkriegs bedeutete auch das Ende Berlins als führendem deutschen Finanzplatz. Wer diese Rolle übernehmen sollte, wurde in den nächsten drei Jahren entschieden. Hamburg, Köln, Düsseldorf, München und Frankfurt standen als potentielle Standorte zur Diskussion. Hamburg empfahl sich mit Verweis auf seine Tradition für den Überseehandel und größte Stadt in den Westzonen als Nachfolger Berlins. Düsseldorf spielte als Börsenplatz mit seiner Nähe zum Ruhrgebiet eine wichtige Rolle. Für Frankfurt sprach neben seiner historischen Bedeutung als Handels- und Finanzmetropole natürlich seine zentrale Lage im Gebiet der späteren Bundesrepublik. Im ehemaligen I. G. Farben-Haus, in dem heute die Johann Wolfgang Goethe-Universität residiert, befand sich der Sitz der US-Militärverwaltung – die tonangebende westliche Siegermacht hatte ihre Verwaltung in Frankfurt angesiedelt.

Gleich ihren westdeutschen Konkurrenten war die Stadt Frankfurt durch den Zweiten Weltkrieg schwer getroffen worden. Über hundert Luftangriffe hatten vor allem die mittelalterliche Altstadt in ein Trümmerfeld verwandelt. Von den einst über 2000 Fachwerkhäusern innerhalb des Anlagenrings überstanden nur eine Handvoll den Feuersturm. Aber auch die Geschäftsstraßen der Innenstadt, vor allem die Zeil, erlitten schwerste Schäden. Bei den Luftangriffen waren über 5500 Menschen ums Leben gekommen, 14700 Frankfurter fielen als Soldaten. Das einst bedeutende Frankfurter Judentum wurde in der NS-Zeit vernichtet. Über 10000 Juden waren aus Frankfurt in Ghettos, Konzentrations- und Vernichtungslager verschleppt worden.

Gleichwohl löste sich die Stadt nach Kriegsende rasch aus der Agonie. Schon am 14. September 1945 fand in der notdürftig wiederhergerichteten Frankfurter Börse die erste Börsensitzung in Deutschland statt. Die Frankfurter Industriebetriebe hatten zwar teilweise empfindliche Zerstörungen hinnehmen müssen, etwa die Vereinigten Deutschen Metallwerke in Heddernheim, andererseits war der Industriestadtteil Höchst mit seinen Farbwerken nahezu unzerstört geblieben.

Bank deutscher Länder und Kreditanstalt für Wiederaufbau

In den Jahren 1947/48 vollzog sich für Frankfurt die Weichenstellung als kommende Finanzmetropole in Westdeutschland. Als die Wahl für den Sitz der Bank deutscher Länder (gegründet am 1. März 1948) auf Frankfurt fiel, war eine hervorgehobene Stellung der Stadt auf diesem Sektor praktisch vorprogrammiert. Nicht nur die Nachfolgeinstitute der Großbanken, sondern Kreditinstitute aus allen Sparten des Bankgeschäfts würden ihre Zentralen in Frankfurt ansiedeln. Auch als Börsenplatz hatte Frankfurt nun die Chance, seine alte Spitzenposition wieder einzunehmen.

Bedenken gegen Frankfurt als Sitz der obersten Währungsbehörde wurden vor allem so lange laut, wie Frankfurt noch als Kandidat für die Bundeshauptstadt gehandelt wurde. Die Kon-

Die Bank deutscher Länder im ehemaligen Gebäude der Reichsbankstelle Frankfurt in der Taunusanlage, um 1948

zentration von politischer und wirtschaftlicher Macht an einem Ort ständen dem angestrebten föderalen Charakter des zukünftigen westdeutschen Staates entgegen, was den ersten deutschen Bundeskanzler Konrad Adenauer später nicht davon abhielt, sich bei der Errichtung der Bundesbank im Jahre 1957 – ohne Erfolg – für die Verlegung der zentralen Währungsbehörde von Frankfurt in das regierungsnähere Köln einzusetzen. »Letztlich verdankt Frankfurt einen entscheidenden Teil seiner Nachkriegsentwicklung zum Finanzplatz Nummer eins in Deutschland allein dem Ratschluß der amerikanischen Militärregierung« (Carl-Ludwig Holtfrerich). Sie wollte die Zentralbank in der Nähe ihrer Verwaltungsstellen wissen. Nach der Gründung der Bank deutscher Länder folgte am 20. Juni 1948 die Währungsreform in den drei Westzonen, weshalb man in Frankfurt gerne für sich in Anspruch nahm, daß die spätere Erfolgswährung

DM hier »das Licht der Welt erblickt habe«. Die sowjetische Besatzungsmacht reagierte mit einer eigenen Währungsreform und mit einer fast einjährigen Blockade Westberlins, das – bis auf die Luftbrücke vom »Westen« isoliert – damit endgültig seine Rolle als Finanzzentrum aufgeben mußte.

Nicht nur dic oberste Währungsbehörde nahm in Frankfurt ihren Sitz. Auch die am 5. November 1948 als Körperschaft des öffentlichen Rechts gegründete Kreditanstalt für Wiederaufbau (KfW) wurde am Ort der neuen Zentralbank angesiedelt. Ihre Gründung kurz nach der Etablierung der Bank deutscher Länder und der westdeutschen Währungsreform machte deutlich, daß die KfW Teil eines Konzepts für den wirtschaftlichen Aufbau Westdeutschlands nach dem Zweiten Weltkrieg war. Ihre Errichtung am Sitz der Bank deutscher Länder war naheliegend und festigte das Fundament, auf dem der Finanzplatz seine Führungsposition auszubauen begann. Der Name dieses Spezialinstituts war Programm: Versorgung aller im Wiederaufbau befindlichen Zweige der westdeutschen Wirtschaft mit mittel- und langfristigen Krediten. Das Gründungskapital von 1 Million DM wurde von den deutschen Ländern aufgebracht, die Initiative zu ihrer Errichtung war von der britischen und amerikanischen Militärregierung ausgegangen. Eine Schlüsselrolle bei der Vorbereitung, Gründung und in den ersten Geschäftsjahren der KfW spielte Hermann J. Abs. Schon zu seinen Zeiten als Vorstand der Deutschen Bank von 1938 bis 1945 war er für den Bereich Frankfurt zuständig gewesen, nun verlegte er seine Tätigkeit hauptsächlich an den Main. Auch für eine leitende Funktion in der Bank deutscher Länder war Abs lange im Gespräch gewesen, in der KfW sollte er nun seine wesentliche Aufgabe für die Jahre bis 1952 finden, als Stellvertretender Vorsitzender des Verwaltungsrats und zeitweilig auch als Vorstandsmitglied. Abs sah es zunächst als Hauptaufgabe der Kreditanstalt an, den dringendsten Sofortbedarf an Finanzierungsmitteln, insbesondere für die Grundstoffindustrie, sicherzustellen. Auf Vorschlag von Abs trat mit Walter Tron Anfang 1949 ein weiterer Vertreter der ehemaligen Deutschen Bank in

Hermann J. Abs bei der Kreditanstalt für Wiederaufbau

den Vorstand der KfW ein. Ebenso wie Abs begann der ehemalige Leiter der Deutschen Bank Filiale Leipzig bei der KfW seine zweite Karriere und folgte diesem 1952 in den Vorstand der Süddeutschen Bank.

Daß Frankfurt bei der Entscheidung über den künftigen Sitz der Bundesregierung am 3. November 1949 knapp gegen Bonn unterlag, tat der wirtschaftlichen Entwicklung der Stadt keinen Abbruch. In die bereits fertiggestellte Kongreßhalle, die den Bundestag hätte aufnehmen sollen, zog der Hessische Rundfunk ein. Frankfurts Oberbürgermeister Walter Kolb bedauerte natürlich das Votum für Bonn – auf das Konrad Adenauer zielstrebig hingearbeitet hatte –, gleichwohl sei es für die Stadt keine Lebensfrage, Hauptstadt zu sein. Frankfurt ging umgehend zur Tagesordnung über und die bestand eindeutig darin, künftig eine führende Rolle im nationalen wie internationalen Wirtschafts- und Finanzleben einzunehmen.

Von der Deutschen Bank zur Hessischen Bank

Der Ausgang des Zweiten Weltkriegs unterbrach für zwölf Jahre eine einheitliche Geschäftstätigkeit der Deutschen Bank. Während das Kriegsende die Arbeit der Filiale Frankfurt nur für wenige Tage lahmlegte, bedeutete es für die Niederlassungen in Ost- und Mitteldeutschland und somit auch für die nun im sowjetischen Sektor gelegene Zentrale der Deutschen Bank das Ende. Nach der Eroberung Berlins durch die russische Armee untersagten Befehl Nr. 1 des sowjetischen Stadtkommandanten Bersarin vom 28. April 1945 sowie eine Verordnung des Magistrats der Stadt Berlin vom 5. Juli 1945 den Inhabern von Bankhäusern sowie den Bankdirektoren die Ausübung aller Finanzgeschäfte. Damit wurden die Reichsbank in Berlin, die Zentralen der Großbanken, die Girozentrale-Deutsche Kommunalbank, der Deutsche Sparkassen- und Giroverband und die Deutsche Zentralgenossenschaftskasse geschlossen. Auch die Zentrale der Deutschen Bank mußte schließen; die Bank war jetzt ein »ruhendes Institut« und durfte nur noch eng begrenzte Tätigkeiten ausüben, die vor allem der Abwicklung und Auflösung dienten.

In den Westzonen konnte die Bank ihre Geschäftstätigkeit fortführen, wenn auch bald nicht mehr unter einem einheitlichen Dach. Aus der Deutschen Bank entstanden 1947/48 zehn regional begrenzte Nachfolgeinstitute. Unter der Firma »Deutsche Bank» durfte kein Bankgeschäft mehr betrieben werden. Zu sehr waren die Großbanken nach Ansicht der Alliierten, vor allem der Amerikaner, in die nationalsozialistische Aufrüstung und Kriegswirtschaft verwickelt gewesen. Am 6. Mai 1947 erließ die amerikanische Militärregierung für ihre Besatzungszone das Gesetz Nr. 57, das in der französischen Zone im Oktober des gleichen Jahres und in der britischen Zone im April 1948 übernommen wurde. Nach Artikel 4 dieses Gesetzes waren in den einzelnen Ländern aus den dort gelegenen Filialen der ehemaligen Großbanken (Deutsche Bank, Dresdner Bank und Commerzbank) verwaltungsmäßig selbständige Bankunternehmen zu bilden. Eine vermögensrechtliche Auseinandersetzung mit den Mutterinstituten, den nun »ruhenden« Berliner Altbanken, fand bei der Errichtung der Nachfolgebanken nicht statt. Die Bezeichnungen der neuen Banken mußten deutlich von dem Namen Deutsche Bank abweichen. Sie besaßen keine Rechtspersönlichkeit und waren keine Gesellschaften im Sinne des deutschen Handelsrechts. Die Nachfolgebanken stellten zwar Bilanzen auf, die jedoch nicht veröffentlicht, sondern lediglich bei den Landeszentralbanken eingereicht wurden. Den Teilbanken wurde offiziell jegliche länderübergreifende Zusammenarbeit untersagt. Zu ihrer Beaufsichtigung wurden treuhänderische Verwalter (Custodians) eingesetzt und ihnen Beiräte zugeordnet. Sie vereinigten praktisch die Funktionen von Vorstand, Aufsichtsrat und Hauptversammlung in einer Person.

In der amerikanischen Zone entstanden nach diesen Vorgaben die Bayerische Creditbank (München), die Disconto Bank (Bremen), die Südwestbank (Mannheim und Stuttgart) und die Hessische Bank. Zum Sitz der bis September 1952 existierenden Hessischen Bank wurde Frankfurt am Main bestimmt, da die Niederlassungen »unter die in ihrer Bedeutung nach erste Filiale in dem betreffenden Lande, die sog. Kopffiliale« unterstellt werden sollten. Die Hessische Bank war wie die anderen Teilbanken keine Aktiengesellschaft.

Im Grunde genommen hatte man die Deutsche Bank Filiale Frankfurt zu einer Regionalbank umgewandelt. Denn das Filialnetz der Hessischen Bank entsprach exakt demjenigen des alten Frankfurter Filialbezirks der Deutschen Bank, allerdings abzüglich der rheinhessischen Niederlassungen, die in der französischen Besatzungszone lagen und nun zu Rheinland-Pfalz gehörten.

Der Frankfurter Filialdirektion übergeordnet wurde die Direktion der Hessischen Bank installiert, die aus dem ehemaligen Leiter der Deutschen Bank Filiale Reichenberg (Sudetenland) Wolfgang Suchsland sowie den Frankfurter Filialdirektoren Ludwig Schroeder und Walter Schmidt bestand. Schmidt war seit 1944 in der Leitung der Filiale Frankfurt und gleichzeitig

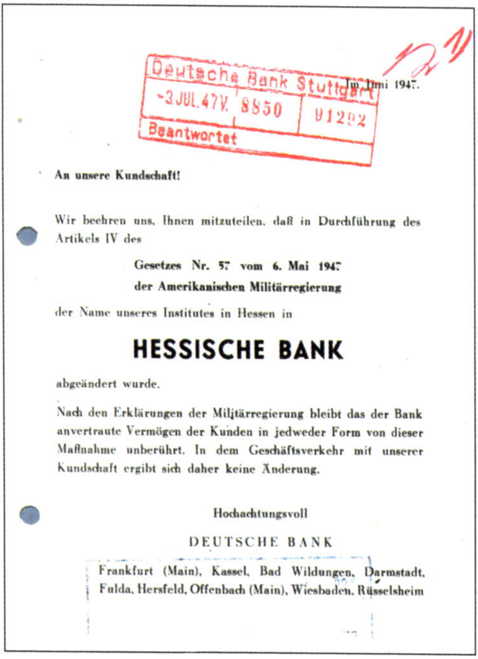

Deutsche Bank Stuttgart
-3.JUL.47 V. 8850 01292
Beantwortet

Im Juni 1947.

An unsere Kundschaft!

Wir beehren uns, Ihnen mitzuteilen, daß in Durchführung des Artikels IV des

Gesetzes Nr. 57 vom 6. Mai 1947
der Amerikanischen Militärregierung

der Name unseres Institutes in Hessen in

HESSISCHE BANK

abgeändert wurde.

Nach den Erklärungen der Militärregierung bleibt das der Bank anvertraute Vermögen der Kunden in jedweder Form von dieser Maßnahme unberührt. In dem Geschäftsverkehr mit unserer Kundschaft ergibt sich daher keine Änderung.

Hochachtungsvoll

DEUTSCHE BANK

Frankfurt (Main), Kassel, Bad Wildungen, Darmstadt, Fulda, Hersfeld, Offenbach (Main), Wiesbaden, Rüsselsheim

Mitteilung an die Kundschaft über die Umfirmierung in Hessische Bank lt. Gesetz Nr. 47 vom 6. 5. 1947

auch Leiter der Wiesbadener Filiale. Bei Kriegsende hatte er zudem die sogenannte »Verbindungsstelle Vorstand« in Wiesbaden betreut, die der Vorstand der Zentrale angesichts der drohenden Eroberung Berlins durch die Russen eingerichtet hatte. Weitere Verbindungsstellen befanden sich in Hamburg und Erfurt. Schon Anfang 1944 war ein Teil des für die Kreditgeschäfte der Filialen zuständigen Büros der Berliner Zentrale als Filialbüro Wiesbaden dorthin verlegt worden und kümmerte sich um das Kreditgeschäft der süddeutschen und südwestdeutschen Bezirke. Dieses Filialbüro, die spätere Verbindungsstelle, war in der unmittelbaren Phase nach Kriegsende so etwas wie die Zentrale der Deutschen Bank in der amerikanischen Zone. Die Wiesbadener Stelle erlangte jedoch keine größere Bedeutung, weil die dortigen Geschäftsräume der Bank schon im Juli 1945 von der amerikanischen Militärverwaltung beschlagnahmt wurden und sich die provisorische Führung der Deutschen Bank auf die Verbindungsstelle in Hamburg konzentrierte.

Zum treuhänderischen Verwalter (Custodian) der Hessischen Bank setzte die hessische Landesregierung zum 1. Juni 1947 den Bankkaufmann Eugen Lust aus Kassel ein, der, im Gegensatz zu den Verwaltern der meisten anderen Teilbanken, den von alliierter Seite vorgegebenen strikten Trennungskurs durchzusetzen versuchte. Während der Verwalter über die Einhaltung der Bestimmungen im Gesetz Nr. 57 zu wachen hatte, war die Direktion der Hessischen Bank bestrebt, diese Richtlinien weitestgehend dahin auszulegen, daß der informelle Zusammenhalt der Teilbanken gewahrt blieb. Schon im Juni 1947 hatte ein Schreiben der Direktion an die Mitarbeiter diese Losung ausgegeben: »Wir schicken voraus, daß wir nicht nur in Fortführung der Geschäfte der Deutschen Bank und früheren Direction der Disconto-Gesellschaft eine Tradition zu wahren haben, die auf mehr als dreiviertel Jahrhunderte erfolgreichen Wirkens zurückgeht, sondern daß uns auch unser neuer Name ›Hessische Bank‹ die Verpflichtung auferlegt, die in unserem Wirkungskreis gelegene Wirtschaft nach besten Kräften zu fördern und das Vertrauensverhältnis, das uns schon seither mit ihr verbunden hat, weiter zu pflegen und zu vertiefen [...] Als oberster Grundsatz muß gelten, daß unsere Bank mit sämtlichen Niederlassungen ein Gesamtinstitut bildet und daß Sonder- oder Teilvorteile der einzelnen Stellen hinter das Interesse des großen Ganzen zurücktreten müssen, damit in einheitlicher Zusammenarbeit aller Niederlassungen stets der Förderung des Gesamtwohls der Bank gedient wird.«

In fast allen Teilbanken sollte sich hier recht bald ein für beide Seiten akzeptabler »modus vivendi« einspielen. Bei der Hessischen Bank trat jedoch schnell das in der Koexistenz von staatlicher Treuhänderschaft und Geschäftsdirektion latent vorhandene Konfliktpotential offen zutage. »Die Einstellung der verschiedenen Verwalter kann man zusammengefaßt dahin kennzeichnen, daß die überwiegende Mehrheit derselben durchaus unserer Auffassung zuneigt, während eine Gruppe, die auf eine extensive Auslegung der einschlägigen Gesetzes- und Verordnungstexte eingestellt ist, aus den beiden Herren Lust [Hessische Bank] und Dr. Eichenlaub [Rheinische Kreditbank] besteht.« Nach Auffassung der Direktion schien Eugen Lust seine Kompetenzen als staatlicher Kontrolleur zu überschreiten, weswegen im November 1947 in Anwesenheit des hessischen Finanzministers Werner Hilpert eine klärende Aussprache zwischen Direktion und Lust stattfand. Hierbei wurde nach den Worten Suchslands »eindeutig festgestellt, daß der Verwalter kein Organ der Bank ist, sondern ein solches des Gesetzes Nr. 57. Weiterhin betonte der Minister, daß der Verwalter ausschließlich über die geschäftsführende Direktion Rückfragen und Untersuchungen anzustellen habe und ein unmittelbarer Verkehr mit den Niederlassungen oder gar mit der Kundschaft nicht in Frage komme.«

Bedeutete die Einsetzung des »Custodian« für eine Geschäftsbank einen ohnehin ungewöhnlichen Vorgang, den es als gesetzliche Vorgabe der Militärregierung aber hinzunehmen galt, so setzte sich die Hessische Bank gegen dessen unmittelbare Eingriffe in das Alltagsgeschäft – ohne Absprache mit der Direktion – zur Wehr. Trotz Aus- und Absprachen gestaltete sich denn auch in den kommenden Jahren das Verhältnis zwischen dem bis April 1952 als Verwalter tätigen Eugen Lust und der ihm treuhänderisch unterstellten Hessischen Bank als schwierig. Selbst der Briefkopf des Verwalters wich deutlich vom üblichen Schriftlogo der Hessischen Bank ab, das sich, kaum verwunderlich, stark an demjenigen der früheren Deutschen Bank orientierte.

Lust schwebte wohl eher ein Zusammengehen der regionalen Nachfolgebanken (Hessische Bank, Rhein-Main-Bank und Mitteldeutsche Creditbank) untereinander vor – also eine Kooperation der lokalen Teilbanken und eigentlichen Konkurrenten Deutsche Bank, Dresdner Bank und Commerzbank. Dies stand den Interessen der Geschäftsleitungen der Hessischen Bank und aller Deutsche Bank-Nachfolger in den übrigen Län-

Briefkopf des Verwalters Eugen Lust

Briefkopf der Geschäftsleitung

dern diametral entgegen, strebten diese doch von vornherein eine Revision des Teilbanken-Zustands an, wie schon der Zusatz »früher Deutsche Bank« unter den neuen Firmenschildern und Briefköpfen zum Ausdruck brachte. Clemens Plassmann, der seit 1940 im Vorstand der Deutschen Bank in Berlin gewesen war und sich nach 1947 intensiv um den Zusammenhalt der Teilbanken bemühte, beschrieb das Vorgehen folgendermaßen: »Wir haben es aus unserer Verantwortung für die gesamte deutsche Wirtschaft heraus unverändert für unsere Pflicht gehalten, bei selbstverständlicher Wahrung der militärgesetzlichen Vorschriften den Zusammenhalt der zehn Schwesterbanken in Westdeutschland so aufrechtzuerhalten, daß nicht nur jede einzelne Nachfolgebank, sondern auch alle mit uns verbundenen wirtschaftlichen Kreise den höchsten Nutzen davon haben konnten [...] Was wir betreiben ist eine Verbundwirtschaft befreundeter Banken. Alle Schwesterbanken tauschen monatlich miteinander ihre wesentlichen Geschäftszahlen aus. Bei Großkrediten sind die Schwesterbanken die geborenen Konsorten.« So war die Hessische Bank etwa 1950 gemeinsam mit den Nachfolgebanken Rheinische Kreditbank, Rheinisch-Westfälische Bank, Südwestbank und Oberrheinische Bank an einem umfangreichen Konsortialkredit für die BASF beteiligt.

Die führende Persönlichkeit in der Hessischen Bank wurde ab September 1949 Robert Frowein, der ehemalige Leiter der Filiale Frankfurt und ab 1943 Vorstandsmitglied. Er stand nach der Entlassung aus sowjetischer Gefangenschaft und einem längeren Genesungsurlaub wieder in Frankfurt zur Verfügung.

Hermann J. Abs, zu dieser Zeit Vorstandssprecher der 1948 gegründeten Kreditanstalt für Wiederaufbau und ehemals im Vorstand der Deutschen Bank für den Frankfurter Filialbezirk zuständig, schlug Frowein dem Verwalter Eugen Lust vor.

Oberstes Ziel der Hessischen Bank war es natürlich, den Kontakt zu dem angestammten Kundenkreis aufrechtzuerhalten und weiterzuentwickeln. Dies konnte aber nur gelingen, wenn für den Geschäftspartner erkennbar blieb, daß sich hinter dem Regionaletikett Hessische Bank die frühere Deutsche Bank befand. Vor diesem Hintergrund wurden bis 1952 die Beziehungen der Hessischen Bank zu Firmen- und Privatkunden weitergeführt. Auf der Frankfurter Frühjahrsmesse vertrat zum Beispiel die Hessische Bank 1950 sämtliche Nachfolgeinstitute der Deutschen Bank. Ein eigener Mitarbeiterstab Zentrale Hessische Bank existierte nicht; er setzte sich aus den Mitarbeitern der Filiale Frankfurt und deren Fachabteilungen zusammen. Das Geschäft der Hessischen Bank bestand in der Addition der Bilanzen ihrer Filialen. Die Geschichte der Hessischen Bank von 1947 bis 1952 und ihrer Frankfurter Filiale verlief nahezu identisch.

Nachfolgebank und Filiale unter einem Dach

Sitz der Hessischen Bank wurde die angestammte Adresse der Frankfurter Filiale, zunächst in ihrem Ausweichquartier Kaiserstraße 24 (zeitweilig in Friedrich-Ebert-Straße umbenannt), dem alten Filialgebäude der Deutschen Bank vor 1929. Im Sommer 1950 konnte die Hessische Bank, bzw. die Hessische Bank Filiale Frankfurt, dann in den wiederhergestellten Roßmarkt 18 einziehen.

Trotz der immensen Schäden war das Gebäude nicht in seiner Grundsubstanz zerstört, und so konnte der Roßmarkt 18 unter der Leitung des Architekten Karl Olsson schon ab 1947 wieder aufgebaut werden. Olsson hatte bereits 1933 eine Heldengedenktafel für die im Ersten Weltkrieg gefallenen Frankfurter

Mitarbeiter der Deutschen Bank und Disconto-Gesellschaft gestaltet. Der Innenausbau erfolgte ganz im Stil der Sachlichkeit. »Es lag im Sinne der Bauleitung, daß der [...] Architekt die innere Gestaltung des Gebäudes neuzeitlich und zweckentsprechend durchführte. Die Büroräume sind auf reine Zweckmäßigkeit abgestellt, während den für den Publikumsverkehr bestimmten Räumen über die zweckgebundenen Erfordernisse hinaus eine gewisse, auf Repräsentation abgestellte und doch sachliche Form gegeben wurde.«

Die Böden wurden – wie konnte es in den 1950er Jahren anders sein – mit insgesamt 5000 Quadratmeter Linoleum verlegt. Bei der Außenfassade blieb die ursprüngliche Architektur erhalten, wenn auch in bereinigter Form, d.h. die noch vorhandenen Schmuckornamente wurden zugunsten eines strengeren Klassizismus beseitigt. »Die Ausführung der Fassadenteile erfolgte massiv im Burgpreppacher Sandstein, dessen warme Ocker-

Roßmarkt 18 im Wiederaufbau 1949

tönung sich wohltuend dem Auge des Beschauers an dieser exponierten Stelle der Stadt darbietet.« Nur in einem kleinen Segment an der Südwestecke zur Großen Gallusstraße blieb, als Referenz an den alten Fassadenschmuck, die aufwendigere Ornamentik erhalten. Bei dieser Gelegenheit wurden die bislang noch nicht vollausgebauten Geschosse im rückwärtigen Gebäudeteil auf eine einheitliche Traufhöhe gebracht.

Im August 1950 war der Roßmarkt wiederhergestellt, und die Hessische Bank und deren Frankfurter Filiale verfügten über einen repräsentativen Firmensitz. Große Teile des Roßmarkts lagen zu diesem Zeitpunkt noch in Trümmern und die stehengebliebenen Häuser waren zumeist in keinem guten Zustand. Aus dieser Umgebung ragte das repräsentative Haus Roßmarkt 18 heraus und verbreitete durchaus Aufbaustimmung.

Roßmarkt 18, Schalterhalle 1950

Von der Hessischen Bank zur Süddeutschen Bank

Die Hessische Bank hatte zwar an das Geschäft der Deutschen Bank im Frankfurter Raum anknüpfen können, als Institut ohne aktienrechtliche Basis und noch dazu unter staatliche Aufsicht gestellt war ihre weitere Entfaltung jedoch stark gehemmt. Mit der Gründung der Bundesrepublik Deutschland im Mai 1949 stieg die Hoffnung, daß ein souveräner deutscher Staat die alliierten Restriktionen gegenüber den ehemaligen Großbanken nicht auf Dauer fortschreiben würde, bzw. daß die Alliierten selbst von ihrer ursprünglichen Position abrückten. Vom 31. Mai 1950 datierte eine Denkschrift von Vertretern der ehemaligen drei Großbanken, die für eine teilweise Rezentralisierung der Nachfolgeinstitute von Deutscher Bank, Dresdner Bank und Commerzbank warb. Mit ihrer Ausarbeitung war der Jurist Fritz C. Kempner betraut worden, der seitens der früheren Deutschen Bank vor allem in Absprache mit Hermann J. Abs eine Argumentationsgrundlage erarbeitete. Diese zielte darauf ab, die Bundesrepublik in drei Bankbezirke einzuteilen, mit dem ausdrücklichen Hinweis, »daß diese zweitbeste Lösung nur deswegen vorgeschlagen werde, weil die erstbeste, die vollständige Zentralisierung, zur Zeit nicht erreichbar sei.«

Die Dringlichkeit einer Ablösung der zehn Regionalbanken wurde mit Argumenten begründet, die geschickt auf das gemeinsame Interesse von deutscher und alliierter Seite am Wiederaufbau der deutschen Wirtschaft eingingen. Die bestehenden Regionalbanken seien »im internationalen Geschäftsverkehr von vornherein disqualifiziert. Mit Banken, die keine eigene Rechtspersönlichkeit besitzen und weder eine Satzung noch einen Aufsichtsrat haben, die weder Bilanzen veröffentlichen noch Gewinn- und Verlustrechnungen, kann kein ausländisches Institut in engere Geschäftsbeziehungen treten.« Abs überreichte die Denkschrift am 5. Juni 1950 persönlich im Bundesfinanz- und Wirtschaftsministerium. Weitere Exemplare gingen an die Adresse der Finanzminister der Länder, der Bankenaufsicht und der Alliierten. Bis der gesetzliche Rahmen für den ersten Schritt zur Rezentralisierung der Großbanken geschaffen war, sollten noch fast zwei Jahre vergehen.

Das Gesetz über den Niederlassungsbereich von Kreditinstituten (»Großbankengesetz«), das am 1. April 1952 in Kraft trat, ermöglichte die Ausgründung des westdeutschen Geschäfts der früheren Deutschen Bank in drei regionale, rechtlich voneinander unabhängige Nachfolgeinstitute. Damit endete die Phase des rechtlichen Schwebezustands der auf Länderebene dezentralisierten Großbanken. Die Rechte der Verwalter (Custodians) fielen wieder an die vom deutschen Aktienrecht vorgesehenen Organe zurück (Hauptversammlungen, Aufsichtsräte und Vorstände). Rückwirkend zum 1. Januar 1952 wurden durch einen Beschluß der außerordentlichen Hauptversammlung der Deutschen Bank, Berlin (Altbank), am 25. September 1952 die bisher unter den Firmen Hessische Bank, Bayerische Creditbank, Oberrheinische Bank, Rheinische Kreditbank, Südwestbank und Württembergische Vereinsbank geführten Nachfolgeinstitute der Deutschen Bank in der neugegründeten Süddeutschen Bank Aktiengesellschaft zusammengefaßt. Ihr Filialnetz reichte geographisch von Kassel nach Konstanz und von Trier nach Regensburg.

In gleicher Art entstanden die Norddeutsche Bank (Sitz: Hamburg) und die Rheinisch-Westfälische Bank (Sitz: Düsseldorf). Die Aktionäre der Altbank erhielten im Umtausch Aktien der neuen Institute. Auf jede alte Aktie der Deutschen Bank im Nennwert von 1000 Reichsmark entfielen insgesamt nominal 625 DM neue Aktien, und zwar 125 DM Aktien der Norddeutschen Bank, 250 DM Aktien der Rheinisch-Westfälischen Bank und 250 DM Aktien der Süddeutschen Bank. Das Grundkapital der drei Nachfolgebanken betrug insgesamt 100 Mio. DM, aufgeteilt im Verhältnis 20:40:40.

Die Standortfrage war im Fall der Süddeutschen Bank nicht so leicht zu lösen und konnte nicht eindeutig für Frankfurt entschieden werden, denn auch die auf ähnliche Weise entstandenen Ausgründungen der ehemaligen Dresdner Bank (Rhein-Main-Bank) und Commerzbank (Mitteldeutsche Creditbank) drängten mit ihrem Hauptsitz nach Frankfurt. Vor allem der Freistaat Bayern beharrte aber darauf, daß mindestens eine der drei neuen Banken ihren Hauptsitz in München nehmen sollte, obgleich Bayern, was die Präsenz der alten Deutschen Bank in der Fläche anbetraf, eher als Diaspora gegolten hatte; 1952 existierten dort neben München gerade einmal sieben Standorte (gegenüber 10 in Hessen, 21 in Rheinland-Pfalz und 36 in Baden-Württemberg). Der bayerische Ministerpräsident Hans Ehard konnte sich aber nicht vorstellen, daß Frankfurt Sitz einer auch für Bayern zuständigen Geschäftsbank würde, »denn in diesem Fall wird die Gelddisposition von einer Zentrale aus geleitet werden, deren Sitz vom Standpunkt des bayerischen Wirtschaftsraumes als peripher anzusehen ist.«

De jure wurde München nach zähen Verhandlungen tatsächlich als Sitz der Süddeutschen Bank bestimmt, de facto konzentrierte sich das Geschäft jedoch in Frankfurt. Zwei der drei Vorstandsmitglieder (Hermann J. Abs und Robert Frowein) und vier der sieben Direktoren der Zentrale (Paul Krebs, Louis May, Otto Pirkham und Walter Schmidt) hielten sich ständig in Frankfurt auf. Von Frankfurter Seite aus wurde die Süddeutsche Bank, unabhängig von der rechtlichen Situation, als ortsansässiges Haus betracht: »Eine ganze Reihe der zentralen Einrichtungen des neuen Instituts, so z.B. die [...] Volkswirtschaftliche Abteilung, wurde ebenfalls hier ansässig. Das natürliche Schwergewicht des wiederaufblühenden Bank- und Börsenplatzes Frankfurt legte dem Institut diese doppelgleisige Organisation seiner Zentrale nahe. Am Sitz der BdL [Bank deutscher Länder] mußte sich eben ein guter Teil des Geschäfts konzentrieren.« An der Schauseite des Gebäudes Roßmarkt 18 wurde der Schriftzug Süddeutsche Bank angebracht. Die kurze Existenz der Hessischen Bank war beendet. Sie hatte das Geschäft der Deutschen Bank bewahrt, wesentlich weiterentwickeln konnte sie es nicht. Dies blieb der Süddeutschen Bank vorenthalten, die allerdings auch nur knapp fünf Jahre bestehen sollte, um dann in der neu zusammengefügten Deutschen Bank AG aufzugehen.

Die Süddeutsche Bank AG wurde bei der Ausgründung mit einem Grundkapital von 40 Millionen DM ausgestattet. Ihre Eröffnungsbilanz 1952 belief sich auf 1,46 Milliarden DM und entwickelte sich bis 1956 auf 3,14 Milliarden DM. Schon im ersten Geschäftsjahr konnte die Süddeutsche Bank feststellen, daß die Bedeutung des Instituts im Kreditgeschäft etwa derjenigen, die die Deutsche Bank vor 1945 im gleichen Gebiet besessen hatte, entsprach. Dabei entfielen von den kurz- und mittelfristigen Krediten (einschließlich Wechselkredite) 72,66 Prozent auf Industrie, Gewerbe und Handwerk, 24,37 Prozent auf den Handel und 2,07 Prozent auf sonstige Kunden. Der Einstieg ins Mengengeschäft mit Privatkunden hatte noch nicht begonnen. Neben der Teilnahme am Emissionsgeschäft widmete sich die Süddeutsche Bank von vornherein mit besonderem Nachdruck der Förderung des Außenhandels, was sich bei der traditionellen Verbindung mit zahlreichen Großunternehmen von selbst verstand.

Die Umsätze im Effektengeschäft stiegen ebenfalls kontinuierlich. Die Süddeutsche Bank war an zahlreichen Emissionen von Anleihen und Aktien beteiligt. Darunter befanden sich natürlich auch die angestammten Firmenkunden der Deutschen Bank Filiale Frankfurt, die Vereinigten Deutschen Metallwerke, die Farbwerke Höchst, Casella, Voigt & Haeffner und die Frankfurter Hypothekenbank. Der durch die Entflechtung von IG Farben notwendige Aktienumtausch wurde von der Süddeutschen Bank durchgeführt. Ebenso hat sie an der Entflechtung fast aller Gesellschaften der Montanindustrie mitgewirkt und war maßgebend bei der Unterbringung der aus dem Besitz der Thyssengruppe stammenden Aktien der Gelsenkirchener Bergwerks-AG beteiligt.

Mit der Fühlungnahme zu ausländischen Banken konnte man an die internationale Bedeutung der alten Deutschen Bank anknüpfen. Ab 1954 wurde von den Nachfolgebanken Süddeutsche Bank, Rheinisch-Westfälische Bank und Norddeutsche Bank Gemeinschaftsvertretungen im Ausland eröffnet. Die ersten Repräsentanzen entstanden in Istanbul (1954), Caracas, São

Paulo, Mexiko-City (1955), Santiago de Chile und Rio de Janeiro (1956); sämtlich Standorte, in denen die Deutsche Bank auch vor 1945 direkt oder über Tochtergesellschaften vertreten gewesen war.

Erst mit der Gründung der Süddeutschen Bank sowie der beiden anderen Nachfolgebanken der Dresdner Bank und der Commerzbank vollzog sich auf dem Privatbanksektor für den Finanzplatz Frankfurt ein Quantensprung. Alle süddeutschen Nachfolgebanken der drei ehemaligen Berliner Großbanken hatten nun ihre Verwaltung, bzw. im Fall der Süddeutschen Bank Teile der Verwaltung, in Frankfurt angesiedelt. Vor dem Zweiten Weltkrieg war hier kein einziges Kreditinstitut von größerer überregionaler Bedeutung mit seinem Sitz vertreten gewesen; sowohl die Frankfurter Bank wie auch die alte Mitteldeutsche Creditbank galten damals nur als Regionalbanken.

War die Hessische Bank nicht viel mehr als eine umfirmierte Version der alten Deutsche Bank Filiale Frankfurt mit dem ihr angeschlossenen Filialbezirk gewesen, so konnte die Süddeutsche Bank tatsächlich gestalterisch tätig werden. Stabsabteilungen, die früher nur in Berlin existiert hatten, entstanden nun auch im Gebäude Roßmarkt 18, das als Raum für das klassische Filialgeschäft und als überregionaler Verwaltungssitz fungierte. Da Geschäft und Personalstand der Filiale schon bald das Vorkriegsniveau erreicht hatten, wurden bauliche Erweiterungen zwangsläufig. In der Junghofstraße konnte 1954 der erste Bauabschnitt eines Neubaukomplexes fertiggestellt werden, der ausschließlich der Nutzung durch Stabsbereiche der Süddeutschen Bank diente. Auch die Frankfurter Vorstandsmitglieder Hermann J. Abs und Robert Frowein bezogen dort ihre Büros.

Die Bedeutung der Filiale Frankfurt innerhalb der gesamten Süddeutschen Bank blieb beachtlich. Von insgesamt 6480 Mitarbeitern in 107 Geschäftsstellen im Jahr 1955 war immerhin ein Sechstel (1070) in der Frankfurter Hauptfiliale und ihren zu diesem Zeitpunkt fünf Stadtzweigstellen beschäftigt.

Roßmarkt 18 im Jahre 1954

Junghofstraße mit Erweiterungsbauten (Modell)

Zahlstelle der Süddeutschen Bank auf dem Frankfurter Messegelände 1955

Die Neugründung der Deutschen Bank AG mit Sitz in Frankfurt

Seit November 1952 wurden in kurzen zeitlichen Abständen Gemeinschaftssitzungen der drei Schwesterbanken Süddeutsche Bank, Rheinisch-Westfälische Bank und Norddeutsche Bank in den Zentralstandorten Frankfurt, München, Düsseldorf und Hamburg abgehalten. Hier wurden die Geschäfts- und Personalpolitik der Nachfolgebanken aufeinander abgestimmt. »Faktisch war dadurch die von den Alliierten oktroyierte Trennung und Unabhängigkeit der Institute bereits seit 1952 nicht mehr existent. Die de jure Wiederzusammenführung in den folgenden Jahren diente deshalb vor allem kosmetischen Zwecken und war von geschäftspolitischer Bedeutung nur insofern, als das Wiederaufleben des traditionsreichen alten Namens vor allem im Ausland zusätzliches Vertrauenskapital als Grundlage des Wachstums der Geschäfte bedeutete« (Carl-Ludwig Holtfrerich). Clemens Plassmann, oberster Kommunikator in Sachen Wir-Gefühl innerhalb der Schwesterbanken, sah ebenfalls schon 1952 das Ende der Teilung am Horizont aufziehen und deutete die Kürzel der drei Banken in dem ihm eigenen Pathos: NDB = Niemals dauert Böses, RWB = Recht wird bleiben, SDB = Siege Deutsche Bank!

Im Jahre 1955 wurde ein Vertrag geschlossen, der einen Gewinn- und Verlustausgleich zwischen den drei Instituten vorsah. Dadurch gelang es, die Regionalbanken ertragsmäßig einander näher zu bringen. Wertberichtigungen, Abschreibungen und Rückstellungen wurden von diesem Jahr an durch besondere Richtlinien vereinheitlicht. Auch für die Pflege des bei der Deutschen Bank ja traditionell wichtigen Auslandsgeschäfts war dies von besonderer Bedeutung. Ebenfalls 1955 wurden erstmals Gruppenberichte der drei Nachfolgebanken veröffentlicht, die gemeinsame Stellungnahmen der Vorstände enthielten. In einem vertraulichen Schreiben an Bundeskanzler Adenauer hatten sich die Westalliierten nach der Verabschiedung des Großbankengesetzes 1952 versichern lassen, daß die Dreierlösung für mindestens drei Jahre Bestand haben sollte. Sobald diese »Schamfrist« verstrichen und die Bundesrepublik 1955 weitgehend souverän geworden war, arbeiteten die Nachfolgebanken und die Bundesregierung jedoch mit Hochdruck an der Aufhebung des Großbankengesetzes, für das es nach übereinstimmender Meinung keine logische Begründung mehr gab.

In einem Gesetzentwurf vom 18. April 1956 wurde argumentiert, daß keine Notwendigkeit ersichtlich sei, »in der Bundesrepublik im Gegensatz zu den anderen europäischen Ländern einzelnen Kreditinstituten eine Einschränkung der Niederlassungsfreiheit aufzuerlegen und sie damit in ihrer Leistungskraft und in ihrer internationalen Wettbewerbsfähigkeit zu beeinträchtigen [...] Eine übermäßige wirtschaftliche Machtstellung der einzelnen Banken wird durch eine solche Wiedervereinigung nicht begründet, da die drei Großbanken immer in scharfem Wettbewerb untereinander und mit den drei großen Regionalbanken sowie mit einer Vielzahl der übrigen Kreditinstitute gestanden haben.« In diese Phase fiel eine Initiative des Berliner Senats, daß die wiedererstehenden Großbanken jeweils einen zweiten juristischen Sitz auch an ihren alten Standort Berlin nehmen sollten. Dieser Vorstoß, der die Bedeutung Berlins als Finanzplatz noch einmal wiederzubeleben versuchte, wurde nach langwierigen Verhandlungen verworfen.

Das »Gesetz zur Aufhebung der Beschränkung des Niederlassungsbereichs von Kreditinstituten« vom 24. Dezember 1956 machte den Weg frei für die Wiedervereinigung der Großbanken, die im Fall der Deutschen Bank folgendermaßen durchgeführt wurde: Nachdem die drei Nachfolgebanken der Deutschen Bank untereinander die Modalitäten der Vereinigung geregelt hatten, schlossen sie am 5. März 1957 einen notariellen Fusionsvertrag. Die Norddeutsche Bank und die Deutsche Bank AG West gingen demnach in der Süddeutschen Bank auf. Diese erhielt die Firma Deutsche Bank Aktiengesellschaft und nahm ihren juristischen Sitz in Frankfurt am Main. Als Verwaltungssitze wurden bestimmt: Frankfurt am Main, Hamburg und Düsseldorf. Die Verschmelzung der drei Nachfolgebanken wurde in den Hauptversammlungen am 26., 29. und 30. April genehmigt. Da der juristische Sitz der Süddeutschen Bank als aufnehmender Gesellschaft bis zu diesem Zeitpunkt München war, fand die Wiedervereinigung der Gesamtbank, die auf einer rechtlichen Neugründung basierte, nicht in Frankfurt, sondern an der Isar statt. Die ruhende Deutsche Bank Berlin (Altbank) blieb noch bis 1983 weiter bestehen. Sie widmete sich aber nur noch der eigenen Abwicklung.

Am 2. Mai 1957 wurde die Deutsche Bank Aktiengesellschaft ins Frankfurter Handelsregister eingetragen. Zu seinem Sprecher wählte der elfköpfige neue Vorstand Hermann J. Abs. Anders als bei der Ausgründung der Süddeutschen Bank fünf Jahre zuvor bedeutete dies nicht nur de jure, sondern auch de facto, daß die Bank ihre Geschäfte im wesentlichen von ihrem juristischen Sitz aus führen sollte. Mehrere Faktoren hatten dafür gesorgt, daß Frankfurt in der Sitzfrage der neuerstandenen Deutschen Bank das Rennen machte: Gute Standortbedingungen, das Entgegenkommen der hessischen Landesregierung in Steuerfragen und – nicht zu unterschätzen – die Anwesenheit von Hermann J. Abs am Finanzplatz Frankfurt. Aus der Perspektive von 1957 und der Folgejahre entstand dabei durchaus der Eindruck, daß für die Geschäftstätigkeit eine regionale Arbeitsteilung praktiziert wurde, denn die weiteren Standorte der Zentrale – Hamburg (bis 1966) und Düsseldorf (bis 1989) – spielten für die Deutsche Bank weiterhin eine bedeutende Rolle. Auch der Vorstand war keineswegs komplett in Frankfurt angesiedelt. Abs' Nachfolger als Vorstandssprecher hatten ihre Hauptbüros in Düsseldorf (Franz Heinrich Ulrich, F. Wilhelm Christians) oder Hamburg (Karl Klasen). Wichtige Impulse, etwa der breite Einstieg ins Privatkundengeschäft 1959, gingen eher von Hamburg als von Frankfurt aus. Auch die Hauptversammlungen, auf denen sich die Bank ihren Aktionären und der Öffentlichkeit präsentierte, fanden bis 1994 an wechselnden Plätzen statt – neben Frankfurt in Düsseldorf, Hamburg, Berlin, Hannover, Essen, Stuttgart und München. Doch spätestens mit der verstärkten Internationalisierung der Deutschen Bank ab 1970 wurden strategische Entscheidungen von konzernweiter Bedeutung in der Regel nur noch von Frankfurt aus getroffen.

Die Entwicklung zur Bankenmetropole

Frankfurts Rolle als führendes deutsches Finanzzentrum war 1957 schon wesentlich klarer umrissen als noch 1952. Mit der Konzentration der Geschäftstätigkeit der nun wieder ersten Bank im Lande in Frankfurt wurde der Standort weiter aufgewertet. Auch die ebenfalls 1957 wieder zusammengefügte Dresdner Bank nahm ihren Hauptsitz in Frankfurt. Die 1958 neuerstandene Commerzbank ließ sich zwar in Düsseldorf nieder, verfügte aber über einen Verwaltungssitz in Frankfurt. Die Berliner Handels-Gesellschaft war schon 1952 an den Main übergesiedelt. Ein gutes Jahrzehnt nach Kriegsende war die Verlagerung der Großbanken von Berlin nach Westdeutschland abgeschlossen. Auch eine Reihe öffentlich-rechtlicher Geldinstitute wie die Landwirtschaftliche Rentenbank und die Deutsche Genossenschaftskasse hatten sich inzwischen in Frankfurt etabliert, ebenso die 1950 gegründete Bank für Gemeinwirtschaft, die, bei Beibehaltung ihres Frankfurter Standorts, 1958 mit fünf regionalen Schwesterinstituten fusionierte.

Im August 1957 wurden die Landeszentralbanken und die Berliner Zentralbanken mit der Bank deutscher Länder verschmolzen und diese in die Deutsche Bundesbank umgewandelt. Frankfurt wurde als Sitz der obersten Währungsbehörde bestätigt. Zwar war im Gesetz über die Deutsche Bundesbank festgelegt worden, das diese »ihren Sitz am Sitz der Bundesregierung« haben sollte, jedoch mit dem pragmatischen Zusatz »solange sich dieser nicht in Berlin befindet, ist Sitz der Bank Frankfurt am Main«. Als Berlin nach der Wiedervereinigung tatsächlich wieder Regierungssitz wurde, unterblieb dann aber ein Umzug. Kurz vor der entscheidenden Hauptstadt-Abstimmung im Bundestag war das Bundesbankgesetz am 20. Februar 1991 geändert und Frankfurt als endgültiger Sitz der Bundesbank festgelegt worden.

Mehr aber als von der obersten Währungsbehörde ging die zunehmende Sogwirkung des Standorts Frankfurt auf dem Bankensektor von der wiedererlangten Spitzenstellung seiner Börse – 1958 wurden dort erstmals seit dem Zweiten Weltkrieg wieder ausländische Wertpapiere gehandelt – und den hier angesiedelten Großbanken aus. Auch die wichtigen Privatbankhäuser mit Sitz in anderen Städten eröffneten nach und nach Niederlassungen in Frankfurt, darunter Sal. Oppenheim, Delbrück & Co., M. M. Warburg & Co. und Joh. Berenberg, Goßler & Co. Insgesamt ging jedoch gerade die Zahl der Privatbankiers seit den 1950er Jahren nochmals erheblich zurück. Waren in der Bundesrepublik 1954 noch 212 Privatbankiers vertreten gewesen, so schrumpfte deren Zahl bis 1997 auf nur noch 58. Von den alteingesessenen Frankfurter Traditionshäusern existieren heute eigenständig nur noch B. Metzler seel. Sohn & Co. (gegründet

1674) und Georg Hauck & Sohn (gegründet 1796), das 1998 mit H. Aufhäuser aus München zu Hauck & Aufhäuser Privatbankiers fusionierte.

Auch ausländische Kreditinstitute bemühten sich verstärkt, mit einer Vertretung in Frankfurt präsent zu sein. Schon 1947 war die Chase Manhatten Bank als erste ausländische Bank nach dem Zweiten Weltkrieg nach Frankfurt (und nach Westdeutschland überhaupt) gekommen; sie war dann 1969 auch die erste ausländische Bank, deren Aktie an der Frankfurter Börse gehandelt wurde. 1953 folgten der Banco Espanol en Alemania und die First National City Bank. Allerdings dauerte es mehrere Jahrzehnte, bis Frankfurt auch hier die Spitzenposition unter den deutschen Städten erreicht hatte. Noch bis weit in die 1960er Jahre blieb Hamburg der beliebteste Standort für Auslandsbanken: »Wer den Außenhandel finanzieren wollte, ging nicht nach Frankfurt, sondern nach Hamburg. Erst mit dem Siegeszug der EDV in den Banken, der Zunahme des Interbankenhandels und vor allem des Devisenhandels wurde Frankfurt als Standort interessanter. Anfangs reichte den Banken noch ein Büro in Frankfurt; später, in den Expansionsphasen der siebziger Jahre, wollten die meisten ausländischen Banken ihren Hauptsitz gleich in Frankfurt haben« (Carsten Hartkopf).

Mochten in Teilsegmenten des Kreditgewerbes auch andere deutsche Standorte noch für einen gewissen Zeitraum von größerer Bedeutung sein, so war der Zugewinn Frankfurts im Bankensektor allgemein unübersehbar. Schon 1950 war die Stadt beim prozentualen Anteil der im Bankwesen Beschäftigten führend, zehn Jahre später hatte sie auch in absoluten Zahlen Platz eins erreicht und konnte in den folgenden Jahrzehnten den Abstand noch kräftig ausbauen; von der Währungsreform 1948, als die Bank deutscher Länder in Frankfurt ihren Sitz nahm, bis heute hat sich in der Stadt die Zahl der »Banker« mehr als verzehnfacht. Für die ursprünglichen Mitbewerber um die Führungsrolle als Finanzplatz in der Bundesrepublik, vor allem Hamburg, Düsseldorf und München, wurde deutlich, daß Frankfurts Spitzenposition von Dauer sein würde.

Als führendes deutsches Finanzzentrum hatte sich Frankfurt also spätestens in den 1960er Jahren etabliert. Die Frankfurter Devisen-, Wertpapier- und Terminbörse ließ alle anderen inländischen Börsen weit hinter sich. Die Zusammenführung der verschiedensten Börsenaktivitäten zur Deutschen Börse AG im Jahr 1992 wirkte auch über Deutschland hinaus wegweisend. Die Internationalisierung der Großbanken wurde von der Mainmetropole aus betrieben, selbst wenn etwa die Commerzbank erst 1990 ihren juristischen Sitz offiziell nach Frankfurt verlegte. Die hier angesiedelte Bundesbank genoß den Ruf als die Hüterin einer der stabilsten Währungen der Welt. In der zweiten Hälfte der 1980er Jahre und in den 1990er Jahren verschafften sie und der Gesetzgeber durch Deregulierungs- und Steuererleichterungen dem Finanzplatz Frankfurt eine erhöhte Attraktivität. Die Stadt war in die erste Liga der internationalen Finanzmärkte aufgestiegen.

Und so stand auch nach der Wiedervereinigung – als die Frage einer möglichen Sitzverlagerung der Bundesbank nach Berlin gestellt wurde – die Führungsrolle Frankfurts schon wegen der internationalen Bedeutung des Standorts nie wirklich zur Disposition. Daß Berlin sein früheres politisches Gewicht wiedererlangte, war für Frankfurt – anders als nach 1871 – ohne Belang. Vielmehr war im Wettbewerb um den Sitz der Europäischen Zentralbank die Reputation des Finanzplatzes Frankfurt so groß, daß die Entscheidung 1993 zugunsten der Stadt am Main ausfiel. 1994 nahm das Europäische Währungsinstitut (EWI) seine die europäische Währungsunion vorbereitende Arbeit auf, und 1998 ging dessen Nachfolgeinstitut, die Europäische Zentralbank, im Hochhaus der ehemaligen Bank für Gemeinwirtschaft an den Start. Mit der Einführung der Gemeinschaftswährung 1999 bzw. 2002 wurde Frankfurt zur »City of the Euro«.

Schon sahen die kühnsten Erwartungen Frankfurt am Finanzplatz London vorbeiziehen, eine Prognose, die sich in absehbarer Zeit allerdings kaum bewahrheiten dürfte.

Vielmehr mußte der Standort Frankfurt in den letzten Jahren

eher darum kämpfen, daß sich der Abstand zu London nicht weiter vergrößerte und daß die kontinentaleuropäische Konkurrenz – vor allem die in der Vierländer-Börse Euronext agierenden Finanzplätze Paris, Amsterdam, Brüssel, Lissabon – nicht zu Ungunsten Frankfurts an Boden gewann.

Nach der Ertragskrise der Banken, dem Ende des Neuen Markts und Rückschlägen in der Aktienkultur kam es zu einer kurzfristigen Abwanderungswelle. In jüngster Zeit gewinnt die Mainmetropole jedoch wieder »Banken, Beschäftigte und Selbstbewußtsein«, holten die Großbanken zeitweise an andere Standorte verlagerte Geschäftsbereiche wieder nach Frankfurt zurück und setzten von Frankfurt aus neue Akzente in ihrem Deutschlandgeschäft. Ende 2004 zählte Frankfurt 325 Banken mit 73 000 Beschäftigten und 130 Versicherer mit mehr als 10 000 Mitarbeitern. »In einem wieder auflebenden und prosperierenden europäischen Finanzmarkt wird Frankfurt eine Schlüsselrolle spielen« (*Börsen-Zeitung* vom 7. 9. 2005).

8. Die Deutsche Bank in Frankfurt seit 1957

In ihrem ersten Geschäftsjahr 1957 erzielte die neuerstandene Deutsche Bank AG eine Bilanzsumme von 8 356 700 539 DM. Sie beschäftigte 16 839 Mitarbeiter, die zu 99 Prozent im Inland tätig waren. Einschließlich der Stadtzweigstellen war die Deutsche Bank an 323 Plätzen in der Bundesrepublik vertreten und unterhielt sieben Repräsentanzen im Ausland (Lateinamerika und Türkei). An ihrem juristischen Sitz Frankfurt war die Bank wie vor dem Krieg mit sechs Zweigstellen und einer Zahlstelle am Flughafen präsent.

Die Leitung der Hauptfiliale lag zu dieser Zeit in den Händen von Hermann Koenigs, Hermann Kübel und Richard Ladenburg. Koenigs und Kübel waren erst nach dem Krieg nach Frankfurt gekommen, Ladenburg war dagegen schon seit 1930 in der Filiale Frankfurt tätig; seine teilweise jüdische Herkunft hatte bis 1945 einen beruflichen Aufstieg verhindert. Allen war

Deutsche Bank Zweigstelle Sachsenhausen (Brückenstraße) um 1957

gemeinsam, daß ihre berufliche Prägung noch aus der »alten« Deutschen Bank stammte. Der Generationswechsel zu Führungskräften, die ihre berufliche Laufbahn erst nach dem Krieg begonnen hatten, war bis etwa 1965 vollzogen. Wie schon in früheren Zeiten fungierte die Filiale in den folgenden Jahrzehnten mehrfach als Sprungbrett an die Unternehmensspitze, 1979 wechselte Ulrich Weiss, 1990 Carl L. von Boehm-Bezing von der Geschäftsleitung Frankfurt direkt in den Vorstand der Deutschen Bank.

Die Bedeutung der Deutschen Bank in Frankfurt wandelte sich. Sie wurde zu einer Frankfurter Bank. Konzerngeschäft und Filialgeschäft verschmolzen in der öffentlichen Wahrnehmung zu einem Ganzen. Daß die Deutsche Bank bereits seit über 70 Jahren im Wirtschaftsleben der Stadt präsent war, konnte für die Akzeptanz des Unternehmens nur von Vorteil sein. Daß sich das öffentliche Interesse an der Deutschen Bank in Frankfurt nun hauptsächlich auf die Geschäftspolitik des Gesamtkonzerns richtete, war verständlich. Gleichwohl waren es in der Regel nach wie vor die Mitarbeiter der Filiale, die der

Frankfurter Firmen- und Privatkundschaft als »Visitenkarte« des Unternehmens dienten. Immerhin betrug 1960 der Anteil des Filialbezirks Frankfurt an der Bilanzsumme der gesamten Deutschen Bank noch neun Prozent, d.h. beim Start der Deutschen Bank AG wurde etwa jede zehnte Mark des Unternehmens im Raum Frankfurt erwirtschaftet, ein Wert, der mit der zunehmenden Internationalisierung der Deutschen Bank in den folgenden Jahrzehnten natürlich deutlich abnahm.

Der Einstieg ins Mengengeschäft

Das Jahr 1959 markierte einen grundlegenden Einschnitt in der Geschäftstätigkeit des gesamten Unternehmens: Die Deutsche Bank stieg mit der Einführung des »Persönlichen Klein-Kredits« (PKK) für jedermann am 2. Mai 1959 auf breiter Basis in das Privatkundengeschäft ein. Bisher galt sie vor allem als Bank für große Unternehmen, Konzerne und Institutionen. Zwar hatte sie schon seit ihrer Gründung 1870 Unternehmensmanager, selbständige Kaufleute, Freiberufler und Privatleute mit überdurchschnittlichen Einkommen mit Bankdienstleistungen versorgt, doch erst jetzt öffnete sie sich – zeitgleich mit den beiden anderen Großbanken – einem breiten Privatpublikum. Nur ein Jahr später tat die Deutsche Bank den zweiten großen Schritt im Privatkundengeschäft: Sie führte Lohn- und Gehaltskonten ein. In den folgenden Jahren offerierte sie schrittweise eine umfassende Palette standardisierter Bankdienstleistungen für den typischen Bedarf von Arbeitnehmerhaushalten, etwa das »Persönliche Anschaffungs-Darlehen» (PAD) ab 1962 und das »Persönliche Hypotheken-Darlehen« (PHD) ab 1968.

Die Initiative zur Einführung der Klein-Kredite in der Deutschen Bank war von dem Hamburger Direktionsmitglied Manfred Oheimb von Hauenschild und seinem damaligen Mitarbeiter und späteren Vorstand Eckart van Hooven ausgegangen. Nach seiner Berufung in den Vorstand (1959) wechselte von

Hauenschild nach Frankfurt, so daß die grundlegenden Entscheidungen in diesem Geschäftssegment künftig wesentlich von dort aus getroffen wurden.

Schalterbetrieb in der Hauptfiliale 1968

... und an der Zweigstelle Flughafen um 1975

Auch wenn das sogenannte Mengengeschäft zunächst von vielen – innerhalb und außerhalb der Bank – als »Kleingärtner«- oder »Dienstmädchen-Geschäft« belächelt wurde, zählte es bald zu den wichtigsten Geschäftsbereichen der Bank und führte zu tiefgreifenden Änderungen der Kundenstruktur. Namentlich Hermann J. Abs stand dem Mengengeschäft distanziert gegenüber. Die Öffnung der Großbanken für das Privatkundengeschäft mit jedermann kam einer Kulturrevolution gleich, und nicht jeder Bankier alter Prägung war davon überzeugt, diesen Weg begrüßen zu müssen, genährt durch den Ansturm des »kleinen Mannes« auf die Großbankfilialen. »Wo kann ich mir hier die 2000 Mark abholen?« war eine häufig gestellte Frage potentieller Neukunden in den ersten Wochen nach Einführung des Persönlichen Klein-Kredits.

Viele Mitarbeiter befürchteten, die »feinere« Kundschaft würde über die Neukunden die Nase rümpfen und sich womöglich eine andere Bank suchen. »Das ist möglicherweise auch der Grund, warum seinerzeit in einigen Filialen die Fahrstühle aus dem Schalterraum verlegt wurden, um dem geschätzten ›Stammkunden‹ nicht die direkte Begegnung mit dem Neukunden ›von der Baustelle‹ zuzumuten« – so wurde anläßlich des Jubiläums »25 Jahre Privatkundengeschäft« 1984 rückschauend gemutmaßt. Der Mitinitiator des Mengengeschäfts Eckart van Hooven charakterisierte das Aufeinandertreffen verschiedener Bankkulturen beim Einstieg der Bank in diesen Geschäftszweig folgendermaßen: »Es paßte einfach nicht in das traditionelle Berufsbild des Bankdirektors. Dieses neue Geschäftsfeld war nicht individuell, nicht adreßspezifisch, es war alles andere als elitär, und es ermangelte völlig des unternehmerischen Gedankenaustausches. Diese Beurteilung änderte sich erst allmählich in dem Maße, in dem dieses Geschäft auch Erträge abwarf. Der Spargeldhügel, der nach und nach zum Geldberg wurde, lieferte einen ständig größeren und relativ billigen Refinanzierungsbeitrag zum Gesamtgeschäft.«

Rasch hatte sich abgezeichnet, daß das Experiment Mengengeschäft gelungen war und zu einem wesentlichen Teil des Privatkundengeschäfts der Deutschen Bank wurde. Beim Start des Mengengeschäfts 1959 hatte die Bank 250 000 Privatkunden, dreißig Jahre später waren es 5,5 Millionen. Im gleichen Zeitraum erhöhte sich die Summe der vergebenen Kredite im Privatkundenbereich von 0,5 auf 59 Milliarden DM. Im Filialbezirk Frankfurt verlief die Entwicklung nicht ganz so stürmisch, da die Bank in der Region bereits seit Jahrzehnten gut etabliert war: 1965 zählte der Bezirk 170 000 Privat- und Geschäftskundenverbindungen, 20 Jahre später waren es 400 000.

Die Etablierung des breiten Privatkundengeschäfts wurde

Werbung für Sparprodukte 1969 mit Geschäftsstellenübersicht der Deutschen Bank im Rhein-Main-Gebiet durch eine Vielzahl von Werbemaßnahmen flankiert. So warb man in Zeitungsanzeigen für die neuen Produkte, eine bislang für Großbanken geradezu verpönte Maßnahme. Die Werbebroschüre hielt ihren Einzug und wurde zum Spiegelbild für die immer breitere Angebotspalette im standardisierten Privatkundengeschäft (Autofinanzierung, Baufinanzierung, Wertpapiersparen, Prämiensparen) und die Ansprache bestimmter Zielgruppen (Frauen, Junge Kunden, Ausländische Kunden).

Entwicklungen im Geschäftsstellennetz und den Geschäftsbereichen

Die rasante Entwicklung im Privatkundengeschäft hatte natürlich Folgen für das inländische Niederlassungsnetz der Deutschen Bank. Bis zu diesem Zeitpunkt spiegelte sich die traditionelle Ausrichtung der Bank auf bestimmte Wirtschafts- und Industrieregionen immer noch in ihrer Filialstruktur wider. Im Ausgangsjahr 1959 war die Deutsche Bank inklusive den Stadtzweigstellen an 364 Plätzen vertreten, gut ein Jahrzehnt später war die 1000 überschritten. Im Verlauf der 1960er und 1970er Jahre breitete die Deutsche Bank ihre lokale Präsenz über die ganze Bundesrepublik aus. Die Entwicklung im Frankfurter Filialbezirk war dementsprechend. Sowohl im Frankfurter Umland – insbesondere den vielen Pendlergemeinden im Süden der Stadt (Neu-Isenburg, Heusenstamm, Langen u. a.) – wie auch in den ländlicheren Regionen des Filialbezirks Frankfurt wurden die »weißen Flecken« auf der Filiallandkarte der Deutschen Bank weniger. Im Frankfurter Stadtgebiet selbst verlief die Entwicklung ebenfalls dynamisch. Die angestammten Depositenkassen der Innenstadt und an den großen Verkehrsachsen wurden durch zahlreiche Zweigstellen in den Stadtteilen ergänzt, einerseits durch die Verdichtung in den innenstadtnahen Bereichen (v. a. Westend, Nordend, Bockenheim, Sachsenhausen), andererseits durch die Ansiedlung in bisher unbedienten Stadt-

Deutsche Bank Zweigstelle Bockenheim (Leipziger Straße) 1966

teilen (Bornheim, Eschersheim) oder an Plätzen mit hoher Gewerbekonzentration (Bürostadt Niederrad, Hessen-Center Bergen-Enkheim, Nordweststadt).

Die Entwicklung der Geschäftsstellenzahl war stürmisch: 9 im Jahr 1960, 18 im Jahr 1965, 25 im Jahr 1970. Danach blieb die Zahl für etwa ein Jahrzehnt konstant. Eine Marktsättigung war einstweilen eingetreten. Seit Beginn der 1980er Jahre, etwa zeitgleich mit der Einführung der ersten Bankautomaten 1982/83 und dem damit einhergehenden Wandel der Kundengewohnheiten im Schalterverkehr, wurde die Zahl der Geschäftstellen wieder reduziert. Im Oktober 1993 wandelte man erstmals eine innerstädtische Zweigstelle in eine reine Selbstbedienungsstelle um.

1959 war die generelle Umbenennung der Depositenkassen in die zeitgemäßere Bezeichnung Stadtzweigstellen erfolgt. Eine Besonderheit bildete die im März 1960 eröffnete Niederlassung in Frankfurt-Höchst. Sie erhielt als einzige Stadtteilniederlassung den Status einer Filiale, was vor allem in der hervorgehobenen Bedeutung des bis 1928 eigenständigen Industriestandorts begründet gewesen sein dürfte. Bezüglich der räumlichen und personellen Ausstattung der Stadtzweigstellen gab es große Unterschiede. Die Bandbreite reichte von Kleinstniederlassungen mit gerade einmal drei Mitarbeitern bis zu filialähnlichen Geschäftsstellen mit großer Laufkundschaft, etwa am Hauptbahnhof oder am Flughafen mit mehrenden Dutzend Beschäftigten.

Die Folgen des Einstiegs ins Mengengeschäft waren gerade für das Filialgeschäft weitreichend. Er bedeutete einen enormen Zuwachs an Neukundschaft im Privatkundengeschäft. Um diese entsprechend bedienen zu können, bedurfte es großer organisatorischer und personeller Anstrengungen und vor allem standardisierter Bankprodukte. Aus dem Schalterbeamten wurde der Kundenberater.

Aus einer im Jahre 1968 angefertigte Studie der Deutschen Bank Filiale Frankfurt geht hervor, daß die Bank neun Jahre nach Einführung des Mengengeschäfts einen Marktanteil von gut fünf Prozent (Sparkonten) im Stadtgebiet erreicht hatte. Der harte Wettbewerb um Marktanteile im Privatkundenbereich setzte rasch ein, da die beiden anderen Großbanken etwa zeitgleich ins Mengengeschäft einstiegen. Gut aufgestellt war die Bank vor allem im innerstädtischen Bereich, im Westend und am Dornbusch. Der ganz überwiegende Teil der Kundschaft setzte sich aus Angestellten und Selbständigen zusammen. Der Anteil der Arbeiter an den Kunden in Frankfurt lag damals bei gut zwei Prozent. Der Wandel der Bank von einer Bank für bestimmte Bevölkerungsgruppen zu einer Bank für jedermann vollzog sich stetig, wenn auch nicht über Nacht.

Wesentlich unspektakulärer als im Privatkundenbereich verlief die Entwicklung im Geschäft mit den Firmenkunden. Prägend waren zweifellos die immer größer werdende Bedeutung des tertiären Sektors in der Dienstleistungsmetropole Frankfurt sowie die Rolle mittelständischer Betriebe, in dem Maße, wie sich die Deutsche Bank flächendeckend in der Region ausbreitete. Das Fundament im Firmenkundengeschäft bildeten nach wie vor die über viele Jahrzehnte gewachsenen Beziehungen zu Unternehmen, vor allem aus den Branchen Chemie, Elektrotechnik, Maschinen- und Fahrzeugbau.

Charakteristisch für die Hauptfiliale blieb die überdurchschnittliche Bedeutung des Auslandsgeschäfts. Damit wurde der Internationalität des Standorts Frankfurt mit seiner ständig wachsenden Zahl von ausländischen Unternehmensvertretungen Rechnung getragen. Die Außenhandelsfinanzierung, jenes Geschäftsfeld, zu dessen Belebung die Deutsche Bank 1870 gegründet wurde, erlangte für die Filiale Frankfurt einen besonderen Stellenwert.

Die Personalentwicklung in den Hauptfilialen, den Stadtzweigstellen und den Niederlassungen des Filialbezirks entsprach in etwa dem inländischen Gesamtbild. Nach kräftigen Aufstockungen in den 1960er und 1970er Jahren kam es, vor allem vor dem Hintergrund veränderter Kundengewohnheiten in Routinegeschäften, ab Mitte der 1990er Jahre zu einer deutlichen Reduzierung des Mitarbeiterstabes.

Technische Innovationen

Ende der 1950er Jahre hielt die elektronische Datenverarbeitung – ebenfalls im Zusammenhang mit der verstärkten Hinwendung zum Privatkunden – ihren Einzug bei der Deutschen Bank. Zunächst wurde auf der Basis der Lochkartentechnik das Effekten- und Depotgeschäft, das bis dahin weitgehend handschriftlich (Personen-Depotbücher und Sachdepot-Karteikarten) oder mit Hilfe von bandbedienten, konventionellen Schreib- und Rechenmaschinen (Depotauszüge, Kupongutschriften, Effektenabrechnungen) abgewickelt wurde, in die Umstellung einbezogen. Mit einer Lochkarten-Anlage konnten zwar das Depot- und Effektengeschäft, nicht aber das ebenfalls vom Umfang her bedeutendere Kontokorrent- und Spargeschäft abgewickelt werden. Dies war erst nach der Inbetriebnahme von elektronischen Datenverarbeitungsanlagen möglich. 1960 konnten erstmals Gehälter maschinell abgerechnet werden. Das Jahr 1965 stand im Zeichen der Übernahme des Sparsektors auf die EDV. Der schon von der Menge her bedeutende und darüber hinaus arbeitsaufwendige Bereich war hierfür besonders geeignet, weil er auch die im Kundenbereich tätigen Mitarbeiter fühlbar von technischen Arbeiten entlastete.

Nachdem es in der ersten Phase der Einführung der Datenverarbeitung in der Bank vorrangig war, mit Hilfe moderner Technik die regelmäßig und in großen Mengen anfallende Vorgänge rationell abzuwickeln, standen für die nächsten Schritte Überlegungen im Vordergrund, die Daten für weitergehende Informationen auszuwerten. Mit ihnen sollten sich die Entwicklung und der Nutzen einzelner Geschäftsbereiche und Kundenverbindungen beurteilen und geschäftspolitische Entscheidungen rechtzeitig und zielgerecht treffen lassen.

Seit Beginn der 1970er Jahre war die elektronische Datenverarbeitung in fast allen Sparten verbreitet, zunächst für die Verarbeitung der sprunghaft wachsenden Abrechnungs-, Zahlungs- und Buchungsvorgänge, später zunehmend als Informationsmedium für die Geschäftssteuerung und Kundenberatung. Mit dem Bezug des Taunus-Zentrums Eschborn (TZE) Anfang 1976 erhielt der Filialbezirk Frankfurt ein modernes Großrechenzentrum. Auch die Datenverarbeitung der Zentrale wurde seitdem von dort aus abgewickelt. 1975 beschloß der Vorstand der Deutschen Bank, mit dem Einsatz von Terminals im Schalterbereich zu beginnen. Ab 1977 wurden sukzessive über 800 Terminals in verschiedenen Filialbezirken zunächst nur für die Abwicklung des Sparverkehrs, später auch für die Kundendatenverarbeitung und den Ausdruck von Anlagemöglichkeiten installiert. Aufgrund der inzwischen gewachsenen Ansprüche und der Weiterentwicklung der Computertechnik modifizierte man das Terminalkonzept. In Anpassung an die betrieblichen Belange und die technischen Möglichkeiten baute es auf mehreren Ebenen auf und nutzte Geräte mehrerer Hersteller.

Mitte der 1980er Jahre wurde in den Filialen mit der Aufstellung von Geldausgabeautomaten und Kontoauszugsdruckern begonnen. In den neunziger Jahren investierte die Bank noch einmal verstärkt in neue Datentechnik, um das darin liegende Rationalisierungspotential zu nutzen. Nun folgte eine neue Ge-

Taunus-Zentrum Eschborn, Sitz des Großrechenzentrums seit 1976

neration von Geräten und Programmen: Ab 1996 wurden die sogenannten Neuen Operativen Systeme der Deutschen Bank schrittweise eingeführt. Im gesamten Konzern begann damit die Ablösung der Terminals durch Personalcomputer.

Die Hauptfiliale in wechselnden Liegenschaften

In der Frankfurter Hauptfiliale am Roßmarkt wurde der Raum seit dem Einstieg der Bank in das Mengengeschäft immer knapper, zumal sie sich das Gebäude mit Stabsabteilungen der Zentrale teilen mußte. Zwar hatte man 1960/61 durch das Aufsetzen eines von der Hauptfassade leicht zurückgesetzten Flachdachgeschosses etwa 1400 Quadratmeter Fläche hinzugewonnen, auf lange Sicht konnte der Raumbedarf dadurch jedoch nicht gedeckt werden.

Von 1968 bis 1971 errichtete die Deutsche Bank in der Großen Gallusstraße ein großzügig bemessenes Erweiterungsgebäude. Der neue Baukomplex gliederte sich in drei Teile: einen etwa 60 langen, siebengeschossigen Bürotrakt, einen Turm mit 21 Stockwerken, dessen weiß verkleideter (1986 entfernter) Abschluß im Volksmund als »Abs-Haube« und später auch als »Cappuccino-Häubchen« bezeichnet wurde sowie einen Verbindungstrakt zum Roßmarkt 18. In den zwei unteren Geschossen des Neubaus wurde die Kundenhalle der Filiale Frankfurt untergebracht. Stolz verkündete die Mitarbeiterzeitschrift: »Mit seinen sieben Stockwerken paßt sich der Bau in der Höhe harmonisch den umliegenden Gebäudekomplexen an, während das

Neubau Große Gallusstraße 1972

Kundenhalle der Hauptfiliale im Sockel des Hochhauses Große Gallusstraße 1972

Hochhaus die Silhouette der Innenstadt um ein neues Zeichen unternehmerischer Initiative bereichern wird.«

Das Gebäude Roßmarkt 18 hatte somit vorübergehend seine Funktion als »Haupteingang« für das Frankfurter Geschäft an die Große Gallusstraße verloren. Der Roßmarkt beherbergte danach weiter die Abteilungen Ausland, Vermögensanlage, Firmenkunden, Personal, Revision und den Betriebsrat der Filiale Frankfurt. Daß der Kundenverkehr der Hauptfiliale ab Anfang 1972 im Sockel eines modernen Hochhauses vonstatten ging, war sicherlich auch dem Zeitgeist geschuldet. In der Effektenberatung wurde – der Börse nachempfunden – eine riesige Kursanzeigetafel angebracht. Moderne Fassaden und modernes Innenleben prägten das Erscheinungsbild und distanzierten sich von der steinernen Repräsentationsarchitektur der Gründerzeit. Dafür nahm man sogar in Kauf, daß man im Vergleich zum Roßmarkt für das Filialgeschäft von einer 1a- zu einer 1b-Lage gewechselt hatte.

Schon wenige Jahre nach dem Bezug der sogenannten GroGa waren die räumlichen Kapazitäten jedoch erschöpft und eine Reihe von Mitarbeitern, vor allem aus dem Bereich Zahlungsverkehr, zog in das neuerrichtete Taunus-Zentrum Eschborn vor die Tore der Stadt, in dem unter anderem auch eine Filiale eingerichtet wurde. Die Große Gallusstraße als Anlaufstelle für den Kundenverkehr der Hauptfiliale blieb eine Episode, die allerdings 25 Jahre währte. Nach größeren Um- und Anbauten zog Anfang 1998 das InvestmentBanking Center in die Große Gallusstraße ein. Die Kundenhalle der Filiale Frankfurt wurde zum Händlersaal.

Ab Mitte 1995 war das Innere des Roßmarkts 18 umfassend renoviert worden. Von der Neugestaltung ausgenommen blieben lediglich die beiden Repräsentationsräume Frankfurter Saal und Präsidentenzimmer sowie das Treppenhaus, die noch die Aura vergangener Bankepochen atmen. Nach dem Umbau zog auch der Kundenverkehr zurück an seinen angestammten Platz, so konnte die zeitgemäß mit neuem Tresenkonzept und Beraterkabinen ausgestattete Schalterhalle wieder für ihre ursprüng-

... und nach dem Umbau zum Händlersaal 1998

Die Hauptfiliale Frankfurt mit den Doppeltürmen der Zentrale im Hintergrund 1984

lichen Zwecke genutzt werden. Sie fungiert seit Anfang 1997 wieder als zentraler Ort der Deutschen Bank für das Geschäft mit ihren Frankfurter Kunden.

Der große Umzug der Zentrale von der Innenstadt zum Anlagenring hatte bereits wesentlich früher stattgefunden. Ende Oktober 1984 bezog die Zentrale mit ihren Stabsabteilungen die neuerrichteten Zwillingstürme an der Taunusanlage. Das seit den frühen Nachkriegsjahren bestehende unmittelbare Nebeneinander von Filiale und Zentrale war beendet.

Neuaufstellung in der regionalen und divisionalen Gliederung

Seit Beginn der 1990er Jahre befindet sich das deutsche Bankwesen – vor dem Hintergrund der weltweiten Globalisierung – in einem Prozeß der permanenten Transformation. Die Halbwertszeit von Organisationsstrukturen, die in früheren Zeiten in Jahrzehnten gemessen werden konnte, verringert sich rapide. Die deregulierten Märkte haben die Bankenlandschaft grundlegend verändert, und ein Ende dieser Entwicklung ist nicht abzusehen.

1974 beschloß der Vorstand der Deutschen Bank, die Filialstruktur neu zu ordnen, die weitgehend noch auf die Neugründung und den Wiederzusammenschluß des Instituts im Jahre 1957 zurückging. Die neue Struktur, die 1975 eingeführt wurde, verlangte starke Hauptfilialen mit qualifizierten Fachabteilungen. Aus diesem Grund wurde die Zahl der Hauptfilialen – diese waren jeweils für einen Filialbezirk verantwortlich und hatten Weisungsrecht gegenüber ihren nachgeordneten Filialen und Zweigstellen – von bisher 23 auf 14 reduziert. Diese Struktur hatte rund zwei Jahrzehnte Bestand. Lediglich Anfang der 1990er Jahre, als die Deutsche Bank in den neuen Bundesländern Fuß faßte, kamen mit Berlin und Leipzig zwei neue Hauptfilialen mit relativ großen Bezirken hinzu. 1995 wurden innerhalb des Hauptfilialbezirks Frankfurt alle hessischen Filialen gleichgeordnet und der Hauptfiliale angehängt. Die Filialen vor Ort erhielten eine höhere Entscheidungskompetenz, gleichzeitig wurde das Geschäft mit größeren Firmenkunden ganz in der Frankfurter Hauptfiliale konzentriert.

Eine völlige Neugliederung ihrer Filialstruktur vollzog die Bank erst Ende 1996, indem sie die 16 Hauptfilialen in acht Regionen zusammenfaßte. Mit der neuen Aufteilung der Inlandsbank wurde die in Ostdeutschland bewährte Aufteilung nach Regionen und Marktregionen auch im alten Bundesgebiet verwirklicht. Stets blieb Frankfurt Sitz einer Hauptfiliale beziehungsweise einer Region – am Standort der Zentrale wäre anderes auch schwer denkbar gewesen. Die derzeitige Inlandsgliederung der Deutschen Bank besteht aus bundesweit 20 regionalen Geschäftsleitungen und 80 Marktregionen mit insgesamt 770 Investment & FinanzCentern. Die Stadt Wiesbaden und das westliche Rhein-Main-Gebiet wurden bei der letzten Gebietsreform der Bank aus dem bisherigen Filialbezirk ausgegliedert, während der Raum Aschaffenburg weiterhin dazugehört. Die heutige Deutsche Bank-Region Frankfurt/Hessen-Ost, die die Marktregionen Frankfurt-City, Frankfurt-Nord, Darmstadt/Offenbach und Kassel umfaßt, deckt sich also nur teilweise mit den hessischen Landesgrenzen.

Neben der Veränderung regionaler Zuordnungen erlebte der Konzern der Deutschen Bank immer wieder tiefgreifende Umstrukturierungen. Insbesondere die Aufgliederung des Konzerns in Unternehmensbereiche wurde vorangetrieben. 1991 entwickelte die Deutsche Bank eine neue Struktur mit den drei Unternehmensbereichen Privat- und Geschäftskunden, Firmen und Institutionen sowie Privates Anlage-Management für vermögende Privatkunden, die ein Höchstmaß an individueller und umfassender Betreuung erwarteten. Die Bank erhoffte von der Neugliederung, die die Eigenständigkeit der verschiedenen Geschäftszweige stark betonte, positive Impulse für ihr Geschäft.

Neben der Deregulierung der Märkte war die technische Entwicklung die zweite treibende Kraft. Durch die elektronischen Medien veränderte sich die Beziehung zwischen Kunde und Bank grundlegend. Die Deutsche Bank gehörte hier zu den Schrittmachern – über das Telefon- und das Homebanking, den elektronischen Zahlungsverkehr im In- und Ausland oder eine fortschrittliche Wertpapierverwaltung für institutionelle Kunden. Der elektronische Fortschritt verbesserte den Bankservice erheblich. Der Umgang mit Geld wurde schneller und bequemer, das Informationsangebot für den Bankkunden aktueller und vielfältiger. Selbstbedienungseinrichtungen wie Geldautomaten und Kontoauszugsdrucker akzeptierten viele Kunden rasch als selbstverständlich. Seit 2003 setzt die Deutsche Bank neue Terminals mit eingebautem Belegleser, die handgeschriebene Überweisungsformulare erkennen und weiterverarbeiten können, ein. Zunehmend verfügen Automaten zudem über eine Einzahlfunktion.

Mit der rapiden technischen Entwicklung galt es, Abschied von der Vorstellung zu nehmen, daß Dienstleistungen nur über die Filialen anzubieten seien. Für die Abwicklung von Routinegeschäften ist die klassische Bankfiliale weitgehend entbehrlich geworden: Niederlassungen wurden um Selbstbedienungs-Foyers ergänzt, deren Geräte jederzeit zugänglich sind; außerdem ersetzten »Automaten-Zweigstellen« sehr kleine Niederlassungen. 80 bis 90 Prozent der Kunden der Deutschen Bank benutzten mittlerweile diese technischen Möglichkeiten für die Bargeldversorgung. Die Selbstbedienung quantitativ und qualitativ weiterzuentwickeln war eine der wichtigsten Maßnahmen, um im Privatkundengeschäft die Kosten in den Griff zu bekommen. Es blieb aber weiterhin das Bestreben, den Kunden nicht vorzuschreiben, wie sie mit der Bank in Verbindung treten. Die Weiterentwicklung der Informationstechnik machte es möglich, daß die Kunden zwischen einer Vielzahl von Zugangswegen wählen können. Als neue Möglichkeiten kamen Finanzberater im mobilen Vertrieb hinzu, das Telefon-Banking und schließlich das Internet. Filialen und Zweigstellen, somit der persönlichste Kundenkontakt, blieben jedoch weiterhin das Herzstück des Geschäfts, obwohl ihre Zahl seit den späten 1990er Jahren dem Beratungsbedarf der Kunden angepaßt wurde.

Erst das Aufkommen der elektronisch angebotenen Bankdienstleistungen zeigte, daß für viele Dienstleistungen das mit hohen Kosten unterhaltene Stellennetz gar nicht benötigt wurde. Spätestens mit dem Beginn des Internet-Banking war abzusehen, daß bald eher die Benutzeroberfläche einer Software als das Erscheinungsbild der Filialen den äußeren Eindruck von der Bank bestimmen würde. Aus der 1995 gegründeten und als selbständige Einheit geführten filiallosen Bank 24, der Direktbank im Konzern, entstand 1999 die Deutsche Bank 24, die das gesamte Privatkundengeschäft der Deutschen Bank in sich aufnahm und nun den Kunden als »Multikanalbank« alle technischen Zugangswege anbot. Drei Jahre später folgte die Reintegration unter die Dachmarke und das Logo der Deutschen Bank. Die Deutsche Bank 24, das Private Banking, Teile des Firmenkundengeschäftes sowie der Online-Broker maxblue wurden im Oktober 2002 in der »Deutsche Bank Privat- und Geschäftskunden AG« zusammengeführt. Seitdem heißen die Niederlassungen der Deutschen Bank Investment & Finanz-Center, der klassische Begriff Filiale bleibt in der Umgangssprache aber weiter im Gebrauch.

2005 begann auch in der Region Frankfurt der schrittweise Umbau von Niederlassungen in Rahmen eines bundesweit einheitlichen Konzepts der Bank zu »Filialen der Zukunft«. Angestrebt ist eine stärkere funktionale Aufteilung der Filialen in SB-, Service- und Beratungszonen sowie die Auslagerung vieler Back-office-Tätigkeiten aus den Bereichen mit Kundenverkehr. Die Deutsche Bank hat in das Konzept Überlegungen einfließen lassen, wie die Bank der Zukunft aussehen kann, und dabei auch Konzepte aus anderen Branchen, wie dem Einzelhandel, einbezogen.

II. Die Deutsche Bank Frankfurt heute

Die Deutsche Bank Frankfurt konnte in den letzten Jahren ihre Geschäfte ausbauen und Marktanteile hinzugewinnen. Das Geschäftsjahr 2004 wurde mit guten Ergebnissen abgeschlossen, die Marktposition in Frankfurt und der Region weiter gestärkt. Dieser Trend setzte sich im Jahr 2005 fort. Und auch die weiteren Ziele der Geschäftsleitung sind ehrgeizig: Ein ganzheitliches Beratungs- und Betreuungsangebot soll auch in Zukunft in allen Bereichen Kundenwachstum und Ertragssteigerungen bringen.

Die Geschäftsbereiche stehen derzeit unter der Leitung von Cristof Reiser (Privat- und Geschäftskunden), Claudio Lagemann (Firmenkunden), Rainer Holler (Private Wealth Management) und Klaus-Dieter Gruber (Global Transaction Banking). Sie steuern und verantworten von Frankfurt aus, im Gebäude am Roßmarkt 18, das Bankgeschäft in der Mainmetropole und in Hessen – womit die Bedeutung des Platzes weit über die der Frankfurter Region hinausreicht.

Im Frühjahr 2003 hat sich die Deutsche Bank im Bereich der **Privat- und Geschäftskunden** neu organisiert. Seitdem befindet sich die Betreuung der Privat- und Geschäftskunden der Region Frankfurt/Hessen-Ost – dazu gehört Gesamthessen (außer Wiesbaden) sowie die Region Aschaffenburg – wieder in einer Hand.

Ende 2004 betreute die Deutsche Bank in Hessen rund 415.300 Privat- und Geschäftskunden, davon allein 182.000 in Frankfurt. Mit 42.700 Geschäftskunden – davon 20.000 in Frankfurt – ist die Deutsche Bank nach wie vor erste Adresse für Freiberufler, Selbständige und Familienunternehmer in Hessen. 691 Mitarbeiter in 40 Investment & FinanzCentern konnten 2004 einen Kundenzuwachs von 8,5 Prozent erzielen – wobei sich die Mitarbeiterzahlen gegenüber 2003 nicht verändert haben. Sie zeugen von Stabilität und Kontinuität im Privat- und

Logo am Eingang zum Investment & FinanzCenter Roßmarkt

Geschäftskundengeschäft. Die Zahl der Girokonten stieg erneut – von 178.000 im Jahre 2003 auf 182.000 zum Jahresende 2004. Das Geschäftsvolumen der Deutschen Bank in Hessen im Bereich Privat- und Geschäftskunden betrug 2004 zehn Milliarden Euro, in Frankfurt betreute die Bank ein Geschäftsvolumen von 4,9 Milliarden Euro.

Maßgeblich zu dieser positiven Entwicklung im Bereich Privat- und Geschäftskunden trug die große Nachfrage auf dem Gebiet der privaten Altersversorgung bei. 2004 war für die Deutsche Bank in Frankfurt das »Jahr der Vorsorge«. Über 90 Prozent aller Bankkunden in Deutschland sind mittlerweile davon überzeugt, daß private Zukunftsvorsorge notwendig ist. Sie setzen in diesen wichtigen Finanzfragen – und insbesondere bei der Altersvorsorge – verstärkt auf die Beratung ihrer Hausbank. Die private Altersvorsorge wurde daher zu einem Schwerpunkt der Finanz- und Vermögensplanung der Deutschen Bank in Frankfurt und in Hessen. Darüber hinaus konnte auch das Geschäft auf dem Gebiet der betrieblichen Altersvorsorge spürbar ausgeweitet werden.

Einen zweiten wichtigen Trend des letzten Jahres setzte die weiterhin steigende Nachfrage nach umfassenden Finanzkonzepten. Die Angebote der Finanz- und Vermögensplanung der Deutschen Bank erstrecken sich dabei nicht nur auf die Zukunftsvorsorge und das Wertpapiergeschäft, sondern decken das gesamte Spektrum der persönlichen Finanzen unserer Kunden ab. Bei allen Produkten wird dabei auf eine überzeugende Qualität und Performance Wert gelegt.

Gleichzeitig werden natürlich auch die Angebote für das tägliche Bankgeschäft ausgebaut und weiterentwickelt: von Sparprodukten über das Online-Banking, Konsumenten- und

Kundenhalle im Investment & FinanzCenter Roßmarkt

Studentenkredite und die Anlageberatung bis hin zur weiteren Modernisierung der Investment- und FinanzCenter.

Das Geschäft der Deutschen Bank mit **Firmenkunden** in Frankfurt und Hessen hat sich trotz des insgesamt schwierigen wirtschaftlichen Umfelds auch in den Jahren 2004 und 2005 positiv entwickelt. Die Erträge konnten kontinuierlich gesteigert werden. Rund 630 mittelständische Firmenkunden, davon allein in Frankfurt knapp 400 Kunden, werden von zwei Betreuungsteams aus dem Standort Frankfurt heraus betreut. Die Kundenbetreuer verstehen sich dabei als Navigator durch die Produktpalette der Bank. Sie ermitteln gemeinsam mit den Kunden deren Bedarf an Bankdienstleistungen und bieten, gegebenenfalls unter Einbindung von Spezialisten, individuelle Lösungen an. Daneben steht ein Betreuungsteam für die in Frankfurt und Umgebung ansässigen weltweit operierenden Konzerne und die deutschen Tochtergesellschaften ausländischer Konzerne zur Verfügung. Diese Kunden erwarten von der Bank auf globaler Ebene Lösungen für alle Bereiche des Firmenkundengeschäfts und des Investment Banking. Die weltweite Präsenz der Deutschen Bank hilft diesen Anspruch unbürokratisch und professionell aus Frankfurt heraus zu erfüllen. Insgesamt zählen mehr als 80 Prozent aller großen mittelständischen Unternehmen der Region zu den Kunden der Deutschen Bank Frankfurt, die damit eine führende Marktposition innehat.

Die Deutsche Bank fühlt sich unverändert dem Mittelstand verbunden und steht ihren Kunden in der Region mit umfangreichen Kreditmitteln zur Verfügung. Der Kredit ist weiterhin das Ankerprodukt im Firmenkundengeschäft. Aufgrund der Möglichkeiten, Kreditrisiken gebündelt im Markt zu plazieren, verbessert die Deutsche Bank ihre Möglichkeiten, die Kreditnachfrage der Kunden zu befriedigen. Zudem ist die Deutsche Bank führend bei der Begleitung ihrer Kunden bei der Nutzung alternativer Finanzierungsformen wie z. B. Mezzaninedarlehen, syndizierte Kredite oder private bzw. öffentliche Anleihen. Das Interesse hieran hat in den letzten Jahren deutlich zugenommen. Immer mehr Unternehmen denken über Alternativen und Ergänzungen zum klassischen Kredit nach und finden dafür in der Deutschen Bank einen kompetenten Ansprechpartner.

Ein weiteres bedeutendes Geschäftsfeld ist die Unterstützung der Kunden beim Management ihrer Zins-, Währungs- und Rohstoffrisiken. Gerade die Entwicklung beim Ölpreis und beim US-Dollar haben in den letzten Jahren deutlich gemacht, daß die Absicherung gegen Risiken für Unternehmen zu einem wichtigen Wettbewerbsfaktor geworden ist. Die Deutsche Bank bietet dafür die Produkte und das Wissen einer führenden Investmentbank, verknüpft mit der Detailkenntnis über den einzelnen Kunden und seinen Bedarf.

Mit der Schaffung des „Management Committee Deutschland" setzte die Deutsche Bank im Herbst 2004 ein deutliches Signal für die deutschen Firmenkunden mit dem Ziel, sich noch stärker um die Belange dieses Kundenkreises zu kümmern. Für den Bereich Firmenkunden in Frankfurt hatte das Erreichen dieses Zieles einen besonderen Stellenwert. Erste Priorität genoß dabei die weitere Intensivierung der Zusammenarbeit mit unseren Kunden. Beratung, Produkte und Dienstleistungen wurden noch besser als bisher auf die regionalen Bedürfnisse abgestimmt, die Beratungsqualität verbessert. Zweitens bot eine stärkere Nutzung der globalen Präsenz der Bank unseren Kunden ein umfassendes Know-how für ihre internationalen Aktivitäten und erschloß wichtige globale Zukunftsmärkte. Einen dritten Aspekt bildete der weitere Ausbau des profitablen Kreditgeschäfts in Frankfurt und der Region mit einer Optimierung der Kreditprozesse. Denn nur profitables Wachstum ist der Garant für eine langfristig zuverlässige Zusammenarbeit mit den Kunden.

Das **Private Wealth Management** der Deutschen Bank Frankfurt berät vermögende Privatpersonen und ihre Familien sowie ausgewählte Institutionen (z.B. Versorgungskassen, Stiftungen, Kapitalsammelstellen) intensiv und umfassend in allen Vermögensfragen. Diese Vermögen zeichnen sich durch komplexe und internationale Strukturen aus, die eine ebenso komplex ausgerichtete und ganzheitliche Betreuung erfordern.

Innenansicht Roßmarkt

Private Wealth Management ist in dieser Form noch ein junger Bereich in der Deutschen Bank. Vor diesem Hintergrund stand das Jahr 2004 ganz im Zeichen der Etablierung der Angebote in der Region, bei Kunden und in der Öffentlichkeit. Dazu dienten Diskussionsforen, z.B. zum Thema Kapitalmarkt. Foren dieser Art stehen für die Philosophie der Deutschen Bank Frankfurt: Als »Privatbank« im Weltkonzern stellt sie ihren Kunden Kompetenz und ein weltweites Netzwerk von Experten zur Verfügung. Denn genau das erwarten vermögende Privatkunden von ihrer Bank: Wissen und Verbindungen.

Das Private Wealth Management der Deutschen Bank Frankfurt und seine 50 Mitarbeiter konnten sich als kompetente und individuelle Gesprächspartner ihrer Kunden erfolgreich etablieren. In seinem strategischen Vermögensmanagement verfolgt der Bereich einen ganzheitlichen Beratungsansatz, der von der Vermögensstrukturierung über Erbschaftsfragen und Unternehmensnachfolgeplanung bis hin zur Verwaltung von Stiftungen reicht. Dabei werden sämtliche Vermögensbestandteile betrachtet: neben Aktien und Anleihen auch Immobilien sowie alternative Investments wie Hedge Funds und Private-Equity-Produkte. Im Private Wealth Management der Deutschen Bank Frankfurt verbindet sich die Leistungsfähigkeit einer globalen Bank mit dem individuellen und sehr persönlichen Service einer Privatbank. Dies setzt ein sehr enges Vertrauensverhältnis zum Privatinvestor voraus, wobei besonderer Wert auf die Kontinuität in der Kundenberatung gelegt wird. Dafür konnten auch Mitarbeiter im Ruhestand gewonnen werden, die als „Botschafter" für die Bank tätig sind und ihre Erfahrungen, über mehrere Kapitalmarktzyklen hinweg, in das heutige Geschäft einbringen.

Den Kunden des Private Wealth Managements in Frankfurt und Hessen stehen fachlich kompetente und international vernetzte Experten sowie der weltweite Zugang zu allen wichtigen Finanzplätzen zur Verfügung. So wies die Bank schon zu Beginn des Jahres 2004 auf Asien und das aufstrebende China sowie auf die Schwäche des Dollars gegenüber dem Euro hin. Sie machte auch frühzeitig auf das »Comeback des Goldes« aufmerksam und gab entsprechende Handlungsoptionen.

Generell konnte die Deutsche Bank Frankfurt 2004 einen zunehmenden Trend zu Stiftungsgründungen erkennen. Immer mehr wohlhabende Privatkunden nutzen die Möglichkeit, über Stiftungen Teile ihres Privatvermögens gemeinnützig der Gesellschaft zur Verfügung zu stellen – eine spannende und wichtige Aufgabe für die Berater der Bank.

Das Geschäftsjahr 2005 stand auch bei Private Wealth Management ganz im Zeichen der Vertiefung und Stärkung der Kundenbeziehungen und der Gewinnung weiterer Kunden. Neue Ideen und Innovationen wurden entwickelt, so u.a. das »PWM Beratungsmandat«. Es ermöglicht Privatkunden erstmalig den Einsatz von Analyseinstrumenten, die bislang institutionellen Investoren vorbehalten waren. Durch die Analyse kann die persönliche Risikotoleranz der Kunden genau berechnet und sofort mit dem aktuellen Portfolio abgeglichen werden. Aus diesen

Erkenntnissen lassen sich konkrete Optimierungsmodelle für die Kundenvermögen ableiten. Das Private Wealth Management der Deutschen Bank Frankfurt ist so in allen Geschäftssparten bestens gerüstet für die Herausforderungen an den Kapitalmärkten.

Im **Global Transaction Banking** sind die Bereiche Trade Finance und Cash Management zusammengefaßt. Das unter dem Namen Trade Finance geführte Auslandsgeschäft nutzt das Know-how des weltweiten Netzwerks der Deutschen Bank und stellt den Kunden in Frankfurt und der Region innovative und ganzheitliche Lösungen für ihre internationalen Geschäfte zur Verfügung. Die Mitarbeiter sind vor Ort immer erreichbar und gleichzeitig global effizient vernetzt.

Die Grundlage des Trade Finance-Geschäfts der Deutschen Bank bildet ein integrierter Betreuungsansatz: Von der Auftragserteilung über die Geschäftsabwicklung bis hin zur Absicherung von Gewährleistungsansprüchen steht die Deutsche Bank dem Kunden mit einer umfassenden Bandbreite von Produkten aus dem Außenhandelsgeschäft sowie dem Risikomanagement zur Verfügung. Neben der Analyse von Risikopositionen und dem Einsatz von geeigneten Sicherungsstrategien – insbesondere für Zins- und Währungsrisiken – gehören dazu auch das dokumentäre Geschäft, handelsbezogene Garantien, Kapitalmarktgeschäfte und der grenzüberschreitende Zahlungsverkehr. All dies erfolgt aus einer Hand.

Intelligente Lösungen im Cash Management – sowohl auf lokaler als auch globaler Ebene –, das erwarten die Firmenkunden von der Deutschen Bank. Ausgehend von den grundlegenden Dienstleistungen im nationalen, europäischen und internationalen Zahlungsverkehr bietet das am Frankfurter Roßmarkt ansässige Team überzeugende Lösungen in allen Fragen des Cash Managements.

Dabei reicht die Produktpalette vom Liquiditätsmanagement über lokale und internationale Cash-Pooling-Systeme bis zur Ausgabe von Kreditkarten für ein effizientes Reisekostenmanagement. Nettingsysteme und Lösungen für die elektronische

Rechnungsstellung runden das Leistungsportfolio ab, das die Deutsche Bank aufgrund der weltweiten Präsenz den Kunden global anbieten kann.

Durch die lokale Präsenz im Rhein-Main-Gebiet sind die Mitarbeiterinnen und Mitarbeiter des Bereichs Cash Management immer in der Nähe unserer mittelständischen Kunden sowie der am Finanzplatz Frankfurt ansässigen Konzerne und Tochtergesellschaften internationaler Unternehmen. Durch das globale Netzwerk steht gleichzeitig das weltweite Know-how der Deutschen Bank stets zur Verfügung – ganz nach dem Motto »think global – act local«.

Die Geschäftsleitung der Deutschen Bank Frankfurt wird auch in Zukunft alles tun, um die Zufriedenheit ihrer Kunden weiter zu steigern, neue Kunden zu gewinnen, zu jedem Fachthema die richtige Lösung zu entwickeln und den Wachstumskurs der Bank fortzusetzen. Sie wird mit guten Geschäftsergebnissen in Frankfurt und der Region die gestärkte Verankerung der Deutschen Bank in ihrem Heimatmarkt zur Geltung bringen.

Die Mitglieder der Geschäftsleitung der Deutschen Bank in Frankfurt

Carl von Leiden	1886–1892
Wilhelm Seefrid	1886–1908
Hermann Maier	1899–1912
Julius Scharff	1903–1906
Alfred von Heyden	1912–1926
Carl Spaeth	1912–1919
Ludwig Leiffmann	1916–1921
Hermann Witscher	1920–1932
Anton Paul Brüning	1921–1923
August Eikmann	1923–1927
Eduard Rothschild	1923–1937
Ferdinand Bausback	1927–1928
Otto Hellmann (Disconto-Gesellschaft)	1929–1932
Gerhard Sachau (Disconto-Gesellschaft)	1929–1930
Karl Ernst Sippell	1932–1933
Friedrich Herbst	1933–1938
Fritz Werner	1936–1940
Robert Frowein	1938–1943
Walter Schmidt	1944–1952
Hermann Koenigs	1952–1963
Ludwig Schroeder	1947–1954
Hermann Kübel	1950–1964
Ernest Frankl	1954–1956
Richard Ladenburg	1956–1969
Gottfried Michelmann	1958–1979
Hans Joachim Bechtolf	1963–1966
Ulrich Klaucke	1965–1983
Walter Seipp	1968–1969
Hugo Graf von Walderdorff	1970–1994
Karl-Heinz Wessel	1970–1973
Ulrich Weiss	1974–1979
Carl L. von Boehm-Bezing	1979–1990
Karlheinz Pfeffer	1980–1996

Bernhard Klaus Dott	1981–2001
Lutz Gebser	1987–1992
Thomas Kurze	1990–1996
Hans-Joachim Spranger	1992–2002
Michael Freiherr von Truchseß	1994–2005
Marc-Aurel von Dewitz	1996–1997
Christoph von Mitzlaff	1997–1999
Michael Müller	1997–2002
Bernhard Böhmer	1999–2001
Klaus-Dieter Gruber	seit 1998
Claudio Lagemann	seit 2001
Rainer Holler	seit 2002
Cristof Reiser	seit 2002

Quellen und Literatur

Archivbestände

Historisches Archiv der Deutschen Bank
Institut für Stadtgeschichte Frankfurt am Main

Literatur

Achterberg, Erich, *Der Bankplatz Frankfurt am Main. Eine Chronik*, Frankfurt am Main 1955

Baehring, Bernd, *Börsen-Zeiten. Frankfurt in vier Jahrhunderten zwischen Antwerpen, Wien, New York und Berlin (1585–1985)*, Frankfurt am Main 1985

Bendix, Werner, *Die Hauptstadt des Wirtschaftswunders. Frankfurt am Main 1945–1956 (Studien zur Frankfurter Geschichte 49)*, Frankfurt am Main 2002

Burhop, Carsten, *Die Kreditbanken in der Gründerzeit* (Schriftenreihe des Instituts für Bankhistorische Forschung, Band 21), Wiesbaden 2004

Deutsche Bank AG (Hrsg.), *100 Jahre Impulse für die Zukunft. Erfahren in der Welt, in Frankfurt zu Hause*, Frankfurt am Main 1986

Deutsche Bank AG (Hrsg.), *Zukunft ist immer. Dokumentation 100 Jahre Deutsche Bank in Frankfurt*, Frankfurt am Main 1986

Deutsche Bank AG (Hrsg.), *Ein Haus und sein Platz. Hundert Jahre »Roßmarkt 18« (1904–2004)*, Frankfurt am Main 2004

Dietz, Alexander, *Frankfurter Handelsgeschichte*, 4 Bände, Frankfurt am Main 1910–1925

Frankfurter Historische Kommission, *Frankfurt am Main. Die Geschichte der Stadt in neun Beiträgen*, Sigmaringen 1991

Gall, Lothar u. a., *Die Deutsche Bank 1870–1995*, München 1995

Gwinner, Arthur von, *Lebenserinnerungen*, hg. v. Manfred Pohl, Frankfurt am Main 1975

James, Harold, *Die Deutsche Bank im Dritten Reich*, München 2003

Holtfrerich, Carl-Ludwig, *Finanzplatz Frankfurt. Von der mittelalterlichen Messestadt zum europäischen Bankenzentrum,* München 1999

Kirchholtes, Hans-Dieter, *Jüdische Privatbanken in Frankfurt am Main,* Frankfurt 1969

Lerner, Franz, *Frankfurt am Main und seine Wirtschaft. Wiederaufbau seit 1945,* Frankfurt am Main 1958

Mushake, Ernst und Ludwig Maria Alexander (Hrsg.), *Börsen und Banken in Frankfurt am Main,* Trautheim über Darmstadt o. J. [1955]

Mushake, Ernst und Ludwig Maria Alexander (Hrsg.), *Frankfurt am Main als Bankplatz,* Trautheim über Darmstadt o.J. [1950]

Oeser, Albert, »Frankfurt als Bankplatz«, in: Albert Oeser: *Proben aus vierzig Jahren für die Frankfurter Zeitung,* Frankfurt am Main 1942

Pohl, Manfred, *Konzentration im Deutschen Bankwesen (1848–1980),* Frankfurt am Main 1982

Pohl, Manfred, »Zur historischen Rolle der Privatbankiers in Frankfurt am Main«, in: *Privatbankiers in Frankfurt am Main* (Öffentliche Vortragsveranstaltung der Historischen Gesellschaft der Deutschen Bank am 22.6.1992), Frankfurt am Main 1992, S. 9–18

Speyer, Otto, *Die ältesten Kredit- und Wechselbanken in Frankfurt am Main 1402 und 1403,* Frankfurt am Main 1883

Trier, Josef von, *Die Organisation der Direction der Disconto-Gesellschaft Filiale Frankfurt*, Diss. Frankfurt am Main 1925

Winterwerb, Rudolf, *Die Frankfurter Bank 1854–1929,* Frankfurt am Main 1929

Die Deutsche Bank in Einzelbänden

Serie Piper 2937

Serie Piper 3272

Serie Piper 3030

Serie Piper 2516

Serie Piper 2431

Serie Piper 3530

Serie Piper 2665

Serie Piper 2936

Serie Piper 3955